BoostEntreprise

Développer votre activité de praticienne en bien-être sur 9 jours

Année 2024/25

www.boostentreprise.fr   sm@boostentreprise81.fr

Deux *mentors* pour vous guider

« *Sonia et Maryse*

Sonia et Maryse

Année 2024/25

Coach bien-être

Comment bien vivre de votre métier ?

MASTERCLASS

C'est une opportunité UNIQUE
Un accompagnement qui peut changer votre activité pour toujours !

Une démarche 100% dédiée aux professionnels du bien-être
5 jours d'accélération et le suivi en présentiel.
Ensuite, une pose d'un mois pour permettre d'assimiler et d'appliquer ce que vous avez appris.
Pendant ce mois de pause, nous sommes à votre écoute avec notre groupe WhatsApp.
Le Suivi de 2x2 jours pour compléter par d'autres enseignements.

Avec deux coachs, l'offre peut être structurée pour offrir une double expertise complète :

- Coach Sonia : Spécialiste de l'état d'esprit et de la stratégie de vente, ce coaching est axé sur le développement personnel, l'optimisation de la confiance en soi, et l'amélioration des compétences de vente. Les participantes apprennent à surmonter leurs blocages mentaux, à adopter un état d'esprit positif et à utiliser des techniques de vente adaptées à leurs valeurs et à leurs services.
-

Coaching digital / outils :

- Coach Maryse : Spécialiste des outils digitaux et de la communication web. Ce volet de coaching permet aux participantes d'apprendre à utiliser des plateformes telles que Canva, et Systeme.io, ainsi que d'autres outils numériques qui facilitent la création de contenu et la gestion de leur activité en ligne.
-

En présentiel : collectif dynamique et soutenant :

- Un groupe de personnes qui travaillent ensemble de manière active et énergique (dynamique) tout en s'offrant mutuellement du soutien, de l'encouragement, et de l'assistance (soutenant).

- Vous créez des liens durables et soutenant avec d'autres thérapeutes comme vous.

Coach bien-être

Nos objectifs

Les objectifs visent à permettre aux participantes de **vivre pleinement** de leurs activités en alliant un coaching sur l'**état d'esprit** et **les techniques de vente**, avec une **maîtrise des outils digitaux** essentiels.

Cette approche complète assure non seulement une croissance de la **confiance** et de la **motivation**, mais aussi une **autonomie** dans l'utilisation des plateformes numériques pour maximiser la **visibilité** et **l'efficacité professionnelle.**

Vos objectifs

Affirmer votre posture de chef(fe) d'entreprise et prendre confiance en votre activité.

Le développement de votre business

Les relations avec les prospects et clients

Les rapports avec les partenaires et prestataires

Votre bien-être d'entrepreneure :

Votre organisation d'entrepreneure :

La gestion de votre business

MASTERCLASS

Programme détaillé

Développement personnel
(Analyser vos expériences passées)
Relaxation guidée
Ateliers - jeu de rôle,
Questions/réponses.
Valoriser votre potentiel
Gagner en confiance
Construire votre image
Développer des compétences
de communication verbale et Web
Mon client de cœur
Mon visuel (logo)
Mes offres
Mon Installation (seul… cabinet)….

la technique :

canva

face book

et mise en place de

Page de capture sur système io–calendly– Blog –forms

vidéo

Juste ce qu il vous faut, étape par étape

MASTERCLASS

Programme

Une Nouvelle compétence chaque jour

- Introspection confiance en soi
- Clarifier sa mission
- Votre cible, Installation, salon
- vente verbale physique
- Exercices pratiques
- bilan des acquis questions

Possitionement avec Sonia

Chaque jour des tâches à réaliser

MASTERCLASS

Programme

Une Nouvelle compétence chaque jour

- cible
- visuels
- offre
- Vente web textes
- outils web
- Questions

acquisition de client avec

Maryse

Chaque jour des tâches à réaliser

LE MOT "THÉRAPEUTE"

La DGCCRF, lors d'un récent contrôle auprès d'un réflexologue, vient rappeler à l'ordre le monde du bien-être que tous les termes ne sont pas bons à être utilisés.
C'est ainsi que le mot « thérapeute » a été mis en avant et la DGCCRF de rappeler que ce terme, dans sa définition grammaticale, est directement lié aux professions médicales et paramédicales.
Pour cette raison essentielle, il ne peut pas être utilisé pour la communication des activités du bien-être.

Article L.121-2 : « Une pratique commerciale est trompeuse si elle est commise dans l'une des circonstances suivantes [...] Lorsqu'elle crée une confusion avec un autre bien ou service, une marque, un nom commercial ou un autre signe distinctif d'un concurrent [...] Lorsqu'elle repose sur des allégations, indications ou présentations fausses
ou de nature à induire en erreur»

Article L.121-3 : « Une pratique commerciale est également trompeuse si, compte tenu des limites propres au moyen de communication utilisé et des circonstances qui l'entourent, elle omet, dissimule ou fournit de façon inintelligible, ambiguë ou à contretemps une information substantielle».

Article L.121-4 : « Sont réputées trompeuses, au sens des articles L. 121-2 et L. 121-3, les pratiques commerciales qui ont pour objet [...] D'affirmer faussement qu'un produit ou une prestation de services est de nature à guérir des maladies.

Direction **G**énérale de la **C**oncurrence
de la **C**onsommation,
et de la **R**éprésion des **F**raudes

Réflexologues RNCP
Association des Réflexologues RNCP

La DGCCRF, dans son dernier rapport fait un constat sans appel :

« Bien qu'il ressorte de l'enquête que ces professionnels sont parfaitement conscients de ne pas appartenir au milieu médical, certains d'entre eux usent abondamment dans leur communication de termes et expressions en rapport avec la santé et les maladies alors même que leur utilisation est encadrée par le code de la consommation »

Le bien-être doit oublier le terme « Thérapeute »

au risque de devoir faire face, dans l'hypothèse la plus inquiétante et la plus grave, à une plainte pour exercice illégal
de la médecine, puni de deux ans d'emprisonnement
et 30 000 euros d'amende dans le droit pénal français.
L'UPSME ne peut que partager la position de la DGCCRF
et invite tous les acteurs des métiers du bien-être à redoubler
de vigilance à propos de l'environnement juridique de ces métiers en pleine expansion et touchant des personnes qui sont parfois dans une situation de fragilité physique, psychique et psychologique qui les rend très vulnérables.

Cela passe également par les centres de formation qui doivent, pour certains, revoir totalement leur copie, et notamment sur le cadre réglementaire des métiers enseignés et les
obligations issues du droit de la consommation
ou du code de santé publique.

L'UPSME a également pris ses responsabilités en éditant une fiche pratique intitulé
*« Le mémento juridique du micro-entrepreneur -
Bien-être et soins non conventionnels ».*
Elle invite toutes celles et tous ceux qui prendront connaissance de ce communiqué à en prendre connaissance et à la diffuser le plus largement possible.

REMPLACER :

PAR COACH EN……..
OU
CONSEILLIÈRE EN….
OU
PRATICIENNE………

1

Présentation
clarifie ta vision
Ton objectif
Mise en pratique
questions

PREMIÈRE PARTIE

SE PRÉSENTER AVEC CLARTÉ MANIÈRE AUTHENTIQUE ET SPONTANÉE.

Centrée sur la "Introspection"
Comprendre Votre Chemin de Thérapeute"
"Clarification de la Vision"
et ses "Objectifs",
est cruciale pour poser les fondations
de tout le travail qui suivra.

- Objectifs :
    - Définir sa mission de vie en tant que thérapeute.
    - Identifier ses valeurs, ses compétences, et ses forces.
    - Fixer des objectifs clairs et réalistes pour son activité.

- Contenu :
- Introduction à l'importance d'avoir une vision claire.
- Exercices pour découvrir et clarifier sa mission personnelle.
- Comment aligner sa passion avec une activité professionnelle durable.
- Fixation d'objectifs fort (Spécifiques, Mesurables, Atteignables, Réalistes, Temporellement définis).

Le Regard Intérieur :
Explorer et Comprendre Soi-même"

"

Dans ce chapitre, nous partirons à la découverte de ce que signifie véritablement se regarder de l'intérieur :

Observer ses émotions et pensées sans jugement, pour mieux les comprendre.

Cultiver la connexion avec soi-même, en développant une écoute profonde.

Identifier ses besoins et aspirations, en apprenant à faire le tri entre l'essentiel et le superflu.

Ce voyage intérieur vous permettra de renforcer votre sérénité et de poser des bases solides pour vos relations avec les autres.

Exercices
Analyse des compétences et forces.
Inventaire des compétences

Faites la liste de vos compétences principales en tant que professionnel du bien-être. Identifiez celles qui sont les plus valorisées par vos clients.

Cela peut être votre approche, votre expérience ou votre manière de connecter avec les clients.

MASTERCLASS

L'introspection / Le Regard Intérieur

<u>objectif :</u>
une introspection sur soi-même est essentielle pour aider les Professionnels du bien-être à mieux comprendre leur approche personnelle et comment cela peut influencer leur capacité à attirer des clients.

Module 1 : Introspection et analyse de soi

<u>Comprendre ses motivations profondes :</u>

Pourquoi est-on devenu thérapeute ?

Qu'est-ce qui nous passionne dans cette profession ?

<u>Analyse des croyances limitantes :</u>

–Quelles sont les pensées ou les croyances qui pourraient freiner le développement de la clientèle ?

(Ex : peur de se vendre, manque de confiance en soi, croyance que le bouche-à-oreille est suffisant).

- <u>Aligner sa mission professionnelle à ses actions :</u>
Comment s'assurer que votre communication, vos outils marketing et notre attitude reflètent véritablement qui nous sommes en tant que thérapeute ?

MASTERCLASS
L'introspection / Le Regard Intérieur :

Explotation des motivations profondes
Auto-évaluation

<u>Exercices pour découvrir et clarifier sa mission personnelle :</u>

Pourquoi avez-vous choisi d'être thérapeute ?

Qu'est-ce qui vous distingue des autres thérapeutes ?

Qu'est-ce qui définit votre image/identité ?

Décrivez-vous en 1 phrase Quelles sont vos missions ?

Quelles sont vos valeurs ?

Qu'est-ce qui vous motive dans votre travail ?

Quels types de personnes voulez-vous aider ?

Quels sont vos objectifs° aujourd'hui ?

Exercice "Les 5 Pourquoi" : Posez-vous la question "Pourquoi ?" cinq fois pour atteindre la racine de votre motivation.

TROUVER L'ÉQUILIBRE ENTRE PASSION ET RENTABILITÉ

Conception d'une activité alignée :
Trouver l'équilibre entre passion et rentabilité : Comment transformer votre passion en une offre de services qui soit également financièrement viable.

4. Définition d'objectifs :
DES OBJECTIFS PRÉCIS ET BIEN DÉFINIS (PAR EXEMPLE, "ACQUÉRIR 10 NOUVEAUX CLIENTS D'ICI À 3 MOIS").

Mesurables : Des objectifs dont vous pouvez suivre la progression (par exemple, "Augmenter le nombre de clients, d'abonnés à ma newsletter de 20%").

Atteignables : Des objectifs ambitieux, mais réalistes, compte tenu de vos ressources actuelles.

Pertinents : Des objectifs en lien direct avec votre mission et vos aspirations.

Temporellement définis : Des objectifs avec une échéance précise (par exemple, "Lancer un nouveau programme de coaching d'ici à la fin de l'année".

Plan d'action pour chaque objectif :
Découpage des objectifs en étapes : Décomposez chaque objectif en actions concrètes à réaliser sur une période définie.

Suivi et ajustement : Créez un plan de suivi régulier pour évaluer les progrès et ajuster les actions si nécessaire.

Un objectif financier : combien besoin pour en vivre

> Si vous ne prenez pas votre business au sérieux,
> vous ne pouvez pas attendre que
> vos prospects et clients le fassent à votre place.

EXERCICES PRATIQUES

"Quels éléments* uniques ou spécifiques apportez-vous à vos clients lors de vos séances thérapeutiques ?"

"Quels bienfaits spécifiques vos clients peuvent-ils espérer obtenir lors de vos séances thérapeutiques ?"

Écriture d'une Déclaration de Mission :

Rédiger votre propre déclaration de mission basée sur les exercices introspectifs.

Création d'un tableau de bord pour suivre l'avancement des objectifs.
Une action + une observation = un objectif

votre objectif financier

Votre besoin est de .... € par mois

Un temps de travail ......

Prix de la consultation =

le taux horaire est de 12€

12€ x 6= 72 € par jour

20 jours x 72€ /j = 1440€

POUR NOUS

La question "Quels éléments uniques ou spécifiques apportez-vous à vos clients lors de vos séances thérapeutiques ?"

vise à encourager le thérapeute à réfléchir sur ce qui le distingue dans sa pratique. Voici quelques pistes pour développer cette question :

Approches Thérapeutiques Personnalisées : Le thérapeute pourrait être invité à détailler comment il adapte ses méthodes aux besoins individuels de chaque client, plutôt que de suivre un protocole standardisé. Cela peut inclure l'utilisation de techniques spécifiques, la flexibilité dans l'approche, ou l'intégration de différents courants thérapeutiques.

Écoute et Empathie : Le thérapeute peut expliquer comment il crée un environnement de confiance et de sécurité, où les clients se sentent véritablement entendus et compris. Cette qualité humaine est souvent ce qui distingue un thérapeute d'un autre.
Outils et Techniques Innovantes : Il serait pertinent de demander au thérapeute d'identifier s'il utilise des outils ou des méthodes innovantes qui ne sont pas couramment disponibles. Cela peut inclure des techniques de relaxation avancées, des thérapies basées sur les neurosciences, ou des approches corps-esprit spécifiques.

Suivi et Accompagnement : La question peut aussi inclure des aspects concernant la continuité du soin. Par exemple, comment le thérapeute assure-t-il un suivi entre les séances, ou propose-t-il des ressources complémentaires (comme des exercices à domicile, des lectures recommandées, etc.) pour soutenir le progrès du client ?

Éthique et Confidentialité : Enfin, le thérapeute pourrait aborder des aspects éthiques, tels que l'importance qu'il accorde à la confidentialité et au respect du cadre thérapeutique, assurant ainsi un espace où le client se sent en sécurité pour s'exprimer librement.
En développant la question de cette manière, on encourage le thérapeute à non seulement réfléchir à ses compétences techniques, mais aussi à la qualité de la relation thérapeutique qu'il établit avec ses clients, ainsi qu'à l'impact global de son travail.

POUR NOUS CONCLUSION

Conclusion :
Récapitulation des principaux points : Résumer l'importance de la clarté de la vision et de la fixation d'objectifs dans la réussite professionnelle.

Feedback et ajustements : Discussion ouverte pour répondre aux questions, clarifier les doutes, et ajuster la compréhension des participants.

Préparation : Introduction à ce qui sera couvert le lendemain (Construction de l'Offre et Identification du Public Cible).

Cette journée est conçue pour ancrer les participants dans une compréhension profonde de leur mission en tant que thérapeute et pour les équiper avec des outils concrets pour structurer leur activité de manière cohérente et orientée vers le succès.

Affirmer votre posture de chef(fe) d'entreprise et prendre confiance en votre activité.

2

Construire une image forte
est essentiel
mon visuel sur les réseaux

Spectateurs ressentent ou comprennent
immédiatement en voyant l'image ?

Construire une image forte est essentiel
mon visuel sur les réseaux

Construire une image forte est essentiel, que ce soit pour une marque, une entreprise, une personnalité publique ou même pour votre image personnelle.
Voici un guide en plusieurs étapes pour vous aider à créer et maintenir une image solide et cohérente :

PLUS LE MESSAGE EST SIMPLE, PLUS IL SERA PERCUTANT.

Clarté du message
Définir le message central : Une image forte doit être associée à une idée ou un concept clair et compréhensible. Que voulez-vous que les spectateurs ressentent ou comprennent immédiatement en voyant l'image ?

Plus le message est simple, plus il sera percutant.

Cohérence visuelle

Utiliser une composition équilibrée : Organisez les éléments visuels de manière à guider l'œil du spectateur vers le message principal.-
L'équilibre entre les formes, les couleurs et les espaces vides est essentiel pour rendre l'image agréable et engageante.

Choix des couleurs : Les couleurs influencent les émotions. Une palette de couleurs bien choisie peut renforcer le ton de votre image.
Les couleurs chaudes (rouge, orange) évoquent souvent l'énergie, la passion, tandis que les couleurs froides (bleu, vert) suggèrent la sérénité ou la confiance.

Symbolisme et métaphores visuelles

Inclure des éléments symboliques : Les images fortes utilisent souvent des symboles ou des métaphores visuelles pour donner une profondeur au message.
Par exemple, une colombe peut représenter la paix, un cœur l'amour, etc. Ces symboles universels subliminaux permettent d'amplifier le message.

Allusion à des concepts universels : Travaillez sur des thèmes tels que la liberté, l'amour, la justice ou la solidarité, qui résonnent profondément auprès des spectateurs.

Émotion et impact

Créer un lien émotionnel : Une image forte suscite une émotion chez le spectateur.
- Que ce soit la joie, la tristesse,
- l'étonnement ou l'empathie,

déclencher une réponse émotionnelle renforce la mémorisation de l'image.

Focus sur l'humain :
Les visages et les expressions humaines captivent.
Utiliser des portraits expressifs ou des situations reconnaissables permet au spectateur de s'identifier ou de réagir émotionnellement.

Originalité
Innover dans la perspective ou le style :
Un point de vue unique, une composition audacieuse ou une interprétation nouvelle d'un concept peut rendre l'image mémorable.
L'originalité capte l'attention et donne un sentiment de nouveauté.

Simplicité et minimalisme
Éliminer le superflu : Parfois, moins c'est plus. Une image trop encombrée peut diluer son impact.
Un design épuré, centré sur l'essentiel, peut souvent avoir un effet plus fort qu'une image surchargée.

Contexte et histoire
Donner un contexte narratif : Une image forte peut raconter une histoire ou évoquer un récit plus large. Même sans beaucoup d'éléments, elle peut inciter le spectateur à imaginer une histoire autour d'elle.

Créer une tension ou un contraste : Introduire des contrastes visuels ou narratifs (lumière, ombre, paix, chaos) peut renforcer la dynamique et rendre l'image captivante.

Technologie et qualité
Soigner la technique : Une bonne maîtrise des techniques de création (photographie, peinture, graphisme numérique) est essentielle pour rendre l'image esthétiquement plaisante. Une image de haute qualité est plus engageante et crédible.

3

Construit ton image forte
Visuel sur les réseaux
Découverte de canva
logo, pub

UTILISATION DE CANVA

Votre visuel, logo

Téléchargement

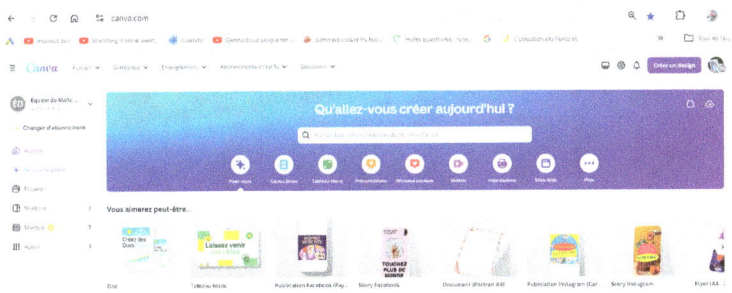

Découverte de Canva :

Exercices

4

RECHERCHE DE MON CLIENT DE CŒUR MA CIBLE

Pourquoi je cible mon client ?

ANALYSE DE LA CLIENTÈLE ACTUELLE

- Pourquoi les PROFESSIONNELS DU BIEN-ÊTRE ont-ils peu de clients ?

- Identifier les freins potentiels : manque de visibilité, mauvaise communication, absence d'outils marketing, etc.

- Réflexion collective sur les stratégies actuelles des participants.

POUR COMPRENDRE L'IMPORTANCE DU CIBLAGE

Comprendre l'importance du ciblage, de mieux identifier VOTRE clientèle et de créer des campagnes adaptées qui généreront des résultats concrets.

1. **Créer une campagne plus efficace :** Une publicité bien ciblée aura plus de chances de toucher les bonnes personnes et donc d'avoir un meilleur retour sur investissement.

Par exemple, une campagne pour sportifs parlera davantage de récupération musculaire, tandis qu'une campagne pour les femmes pourra se concentrer sur la relaxation et l'équilibre émotionnel.

2. **Se différencier de la concurrence :** En se concentrant sur des NICHES spécifiques, le professionnel peut se positionner comme un expert dans ce domaine, ce qui attire davantage une clientèle fidèle et engagée.

3. **Optimiser les ressources :** Plutôt que d'essayer de toucher tout le monde, CIBLER une audience précise permet d'allouer les ressources publicitaires de manière plus intelligente et d'éviter de diluer le message.

Objectifs :
Identifier et comprendre son public cible.

MÉTHODE IDENTIFIER SON CLIENT ♡

Exercice pratique

Méthodes pour identifier et segmenter son public cible :

Analysez leurs caractéristiques communes (âge, sexe, profession,

Lieu de résidence, etc.).

Étude des comportements :

Quels services utilisent-ils le plus ?

Quelles sont leurs motivations principales ?

Ma déclaration
Exercice pratique

Construire une image forte demande du temps,
de la réflexion et une stratégie bien définie.
En restant fidèle à vos valeurs, en connaissant votre public et en
maintenant une cohérence dans votre communication,
vous pourrez établir une image solide et durable.
N'oubliez pas d'être authentique.

- Écrire une déclaration de mission personnelle.

5

Stratégie de vente

- la vente c'est quoi ?
- Se présenter
- Comment créer son réseau
- Préparer son message
- proposer
- argumenter
- objections
- Conclusion

exemples- excercices

la vente c'est quoi ?

Pour un thérapeute, la vente va au-delà de la simple transaction financière.

C'est le processus par lequel il propose ses services de manière authentique et éthique pour aider ses clients à atteindre un état de bien-être optimal.

Cela inclut la capacité à communiquer efficacement la valeur de ses compétences et à bâtir des relations de confiance.

Vendre, pour un thérapeute, signifie avant tout créer un lien avec le client, comprendre ses besoins, et présenter ses services comme une solution bénéfique.
C'est aussi savoir écouter, conseiller et motiver le client à investir dans sa propre santé et son bien-être.

1) vente verbale face à un client
2) Décrocher un rendez-vous par téléphone

Es-ce pareil ?

Stratégie de vente prise de rendez vous par téléphone

Prise de rendez-vous par téléphone

Appels téléphoniques pour une prise de rendez-vous : Une méthode directe qui reste très efficace.
Prépare un argumentaire ou des points clés pour présenter tes services rapidement et proposer un rendez-vous en face-à-face.

1. Programme, la trame : en amont, préparer votre proposition clairement
1) Préparer son texte : se présenter, construire son message convaincant . les besoins, les bénéfices,

2) Comment créer son réseau de clients : recherche pour établir un contact, je trouve la bonne personne

3) Comment argumenter, se présenter , les bénéfices, faire une proposition adapter

4) traiter les objections : désamorcer le refus, questions ouvertes, reformuler, écoute attentive, apporter une solution.

5) questions ouvertes : laisser parler, écoute

6) travailler sa présentation/son image professionnel •

1-Préparer votre message

<u>A Préparer avant votre contact téléphonique ou contact direct</u>
Construire un message convaincant :

<u>exemple</u>
Se présenter : je suis ……

<u>C</u>omment formuler une proposition de valeur claire.

<u>Que peuvent-ils offrir à leur clientèle qui est unique ?</u>

<u>Proposer vos séances</u> (une fois par mois…..)

Ex : je propose des séances collectives en présentiel d'une durée de X adaptées au rythme de X. Les séances peuvent être intégrées dans le cadre de journée (ou autre) bien-être…..

2-Créer son reseau

1-Comment créer son réseau de clients : Approches (Recherche) pour établir des contacts :

Ou chercher le client : entreprises locales, salle de sport, maison de retraite, école, association.....

Recherche de La personne qui est en charge du budget loisir et bien-être en entreprise

Comment contacter des clients potentiels, verbalement par téléphone pour avoir un premier rendez-vous, en restant naturel et professionnel.

Exemple de script pour appeler des futurs clients :

Introduction : "Bonjour, je m'appelle [ton nom], sophrologue spécialisé(e) dans la gestion du stress et du bien-être. J'accompagne [publique cible] à mieux gérer le stress au quotidien, et je pense que cela pourrait peut intéresser vous/votre entreprise."

Proposition : "Je propose des séances de xxx (collective). Seriez-vous disponible pour en discuter lors d'un rendez-vous la semaine prochaine ou les jours à venir ?"

Argumenter
Connaitre son client
les bénéfices

Mettre en avant le besoin de l'entreprise

Commencer par évoquer des problématiques fréquentes en entreprise, liées au stress, à la productivité ou à l'absentéisme :

"Votre entreprise souhaite améliorer le bien-être de ses collaborateurs et favoriser un environnement de travail serein et productif ?"

"Le stress au travail peut entraîner une baisse de productivité, des tensions au sein des équipes et un taux d'absentéisme plus élevé."

Expliquer les bénéfices de vos séances (sophrologie) pour les salariés

Présente la sophrologie comme une solution efficace pour répondre à ces besoins, tout en soulignant les avantages spécifiques pour l'entreprise :

"La sophrologie est une méthode reconnue pour réduire le stress, améliorer la concentration et favoriser un meilleur équilibre entre vie professionnelle et personnelle."

"Grâce à des techniques de respiration, de relaxation et de visualisation, vos collaborateurs pourront mieux gérer les situations de stress, augmenter leur motivation et améliorer leur bien-être global."

Décrire les bénéfices pour l'entreprise

Montre comment ces séances peuvent apporter un impact concret à l'entreprise :
Préparation : Renseigne-toi au maximum sur le client avant le rendez-vous (ses besoins, son entreprise si c'est un professionnel). Prépare des exemples de cas où tu as aidé des personnes avec des problématiques similaires.
Focus sur les besoins : Lors du rendez-vous, laisse le prospect exprimer ses difficultés ou besoins. Ensuite, explique comment tes séances de sophrologie peuvent répondre à ces problématiques.
Suivi : Si la personne n'est pas prête à s'engager immédiatement, assure-toi de faire un suivi quelques jours après avec un rappel courtois ou une proposition d'offre.
"Des salariés plus sereins et mieux équipés pour gérer la pression professionnelle sont plus engagés, plus efficaces, et moins sujets à l'épuisement professionnel."
"En investissant dans le bien-être de vos collaborateurs, vous renforcez leur sentiment d'appartenance à l'entreprise et réduisez les risques d'absentéisme liés au stress."

Proposer des formats personnaliser les séances

Proposer des formats adaptés à l'entreprise
Adapte ton offre aux besoins des entreprises avec des formats flexibles :
"Nous proposons des séances collectives en présentiel, d'une durée de 45 minutes à 1 heure, adaptées au rythme de votre entreprise."
"Les séances peuvent être intégrées dans le cadre de journées bien-être, de programmes de prévention santé, ou en soutien ponctuel lors de périodes de stress intense, comme des projets ou des échéances importantes."

Personnalisation des séances
Insiste sur le fait que les séances seront adaptées aux besoins spécifiques de l'entreprise et de ses salariés :
"Chaque programme est conçu en fonction des objectifs de l'entreprise et des besoins de vos collaborateurs, qu'il s'agisse de renforcer la cohésion d'équipe, de mieux gérer le stress ou d'accompagner des périodes de changement."
"Offrez à vos équipes un moment de détente et d'équilibre, tout en améliorant leur productivité et leur engagement au sein de votre entreprise."

Expliquer ce qu'est une objection
Une objection est une question, une préoccupation ou un doute soulevé par un prospect qui empêche de s'engager immédiatement. Cela ne signifie pas que la personne est opposée à l'idée, mais qu'elle a besoin d'éclaircissements avant de prendre une décision. Les objections peuvent être liées au prix, au temps, à la pertinence ou à la compréhension des bénéfices.

Exemple :
"C'est intéressant, mais je trouve ça un peu cher."
"Je ne suis pas sûr que mes salariés aient vraiment besoin de ces séances."
Types d'objections courantes dans la présentation de séances de sophrologie
Objection sur le temps : "Nous n'avons pas le temps dans notre emploi du temps."
Objection sur la pertinence : "Je ne suis pas sûr que cela soit vraiment utile."
Objection liée aux résultats : "Est-ce que cela fonctionnera vraiment pour moi ou mes salariés ?"

Ojections

Pourquoi les objections sont importantes

Opportunité d'approfondir : Une objection est en fait une opportunité d'en savoir plus sur les besoins réels du client. En le traitant correctement, tu peux mieux répondre à ses attentes.

Montrer votre expertise : Cela permet de démontrer ta capacité à comprendre le problème du client à y répondre de manière convaincante.

Renforcer la confiance : Si tu traites l'objection avec calme et professionnalisme, tu augmentes la crédibilité de ton offre.

Les étapes pour répondre aux objections

A. Écoute active ou passive

Ne coupez pas la parole à la personne et écoutez attentivement son objection. Montrez que vous comprenez son point de vue en reformulant l'objection.

Exemple : "Je comprends que vous trouviez cela un peu cher. C'est un investissement important, en effet."

B. Clarifier et reformuler :

Reformule l'objection pour t'assurer de bien comprendre et clarifier la situation.

Exemple : "Si je comprends bien, vous hésitez à cause du coût des séances. Est-ce le seul obstacle qui vous empêche d'avancer ?"

C. Apporter une solution :

Propose une réponse adaptée en mettant en avant les bénéfices en trouvant un compromis.

Exemple (pour une objection sur le prix) : "Je comprends votre préoccupation, je peux vous proposer un forfait avec un tarif dégressif si vous engagez plusieurs séances à l'avance. De plus, pensez que ces séances peuvent réduire les coûts liés à l'absentéisme, à une baisse de productivité."

Conclusion

Conclure et passer à l'action :
Après avoir répondu à l'objection, reformuler la solution proposée et invite le futur client à passer à l'étape suivante.

Appel à l'action pour l'entreprise
Invite l'entreprise à prendre contact ou rdv pour discuter des besoins et personnaliser l'offre :

"Contactez-nous ou prenons rdv pour mettre en place un programme de sophrologie personnalisé et contribuer au bien-être de vos collaborateurs."

Questions ouvertes/ fermées
Être à l'écoute de son client, lui poser des questions ouvertes est essentiel pour plusieurs raisons, surtout dans le cadre d'une relation commerciale ou de services comme la sophrologie.

Voici pourquoi : Mieux comprendre les besoins réels du client
Les questions ouvertes permettent au client d'exprimer ses préoccupations, attentes et objectifs de manière détaillée. Cela te donne une compréhension plus profonde de sa situation.

Exemple :
Question fermée : "Avez-vous déjà essayé la sophrologie ?" (réponse oui/non)
Question ouverte : Comment gérez-vous le stress actuellement, et qu'espérez-vous améliorer avec la sophrologie ?

Cette approche permet de découvrir des informations que le client ne partagerait peut-être pas spontanément.

Exemples

Exemple (pour une objection sur la pertinence : "Je comprends que vous ayez des doutes sur l'utilité, mais des études montrent que la sophrologie réduit de 30 % le stress au travail et améliore la concentration. Je peux vous proposer une séance test pour voir si cela répond aux besoins de votre équipe."

Proposer des témoignages ou preuves :
Si possible, soutenez l'argument avec des études, des exemples concrets ou des témoignages d'autres clients satisfaits.
Exemple : "L'année dernière, j'ai travaillé avec une entreprise de votre secteur, et ils ont constaté une amélioration de 20 % de la satisfaction des employés après 3 mois de séances."

Exemple de proposition :
Je vous propose des séances de sophrologie adaptées à vos besoins et à ceux de vos salariés, avec une fréquence flexible- qu'il s'agisse d'une fois par semaine ou moins, selon vos préférences. Les tarifs seront ajustés en conséquence, afin de répondre au mieux à vos attentes tout en respectant votre budget .
Je vous propose des séances de sophrologie spécialement conçue pour réduire le stress.
Mes séances collectives permettent de mieux gérer les situations délicates.

Contactez-moi ou prenons rendez-vous pour une séance gratuite. Vous découvrirez comment je pourrais personnaliser le programme de base.

Exemples

Exemple : pour présenter la vente de séances de réflexologie en maison de retraite

Nécessite de structurer votre présentation autour des besoins spécifiques de ce marché, en mettant l'accent sur les bienfaits de la réflexologie pour les personnes âgées, tout en adoptant une approche commerciale adaptée. Voici un plan pour concevoir un cours efficace :

1. Introduction : Comprendre les besoins des maisons de retraite
Objectif : Faire prendre conscience aux participants des besoins et des enjeux spécifiques des maisons de retraite en termes de bien-être.
Le vieillissement et ses défis : Douleurs chroniques, mobilité réduite, stress, anxiété, troubles du sommeil.

Le bien-être dans les maisons de retraite : L'importance croissante des thérapies alternatives pour améliorer la qualité de vie des résidents.

Réflexologie : Définition et bienfaits pour les personnes âgées
Présentez brièvement la réflexologie et comment elle agit (stimulation des points réflexes des pieds, des mains, des oreilles).
Expliquez les bienfaits spécifiques pour les personnes âgées : réduction de la douleur, amélioration de la circulation sanguine, relaxation, diminution du stress, et soutien au bien-être général.

Structurer son argumentaire de vente pour une maison de retraite
Objectif : Apprendre à formuler une offre qui répond aux besoins spécifiques des maisons de retraite.
Adapter votre discours : Montrez que vous comprenez les préoccupations des responsables des maisons de retraite (budget, bien-être des résidents, réassurance des familles, etc.).

Présenter des résultats tangibles : Utiliser des études ou des cas concrets montrant les effets positifs de la réflexologie sur les résidents en maison de retraite.
Miser sur la simplicité : Insister sur la facilité d'intégration de vos séances de réflexologie dans la routine des résidents, sans perturber leur emploi du temps.

5

Mon offre
**Pour bien parler de vos propositions
Proposer vos prestations-
pack - séance
Découverte - Promotions ....**

Créé une urgence

L'OFFRE

Proposer votre prestation – pack – séance

Pour rendre une offre de séances thérapeutiques plus attractive, il faut combiner une approche stratégique avec une communication claire et percutante. Voici quelques idées pour structurer une offre qui attire l'attention de vos clients potentiels :

1. Proposer des forfaits ou des packs de séances :

Avantage pour le client : Un pack de séances à tarif réduit donne l'impression de faire une bonne affaire. Cela permet également de fidéliser le client sur plusieurs séances.

Exemple : "Offre spéciale : 5 séances pour le prix de 4" ou "Pack Bien-être : 10 séances à -15%".

Bonus : Proposez un bonus supplémentaire pour ceux qui réservent plusieurs séances à l'avance (par exemple, une séance gratuite après un certain nombre de séances).

OFFRE

Proposer une séance découverte, ou accompagnement personalisé

Offrir une séance découverte ou un premier rendez-vous à prix réduit :

Objectif : Permettre aux clients de découvrir vos services sans trop d'engagement financier.

Exemple : "Séance découverte à moitié prix pour les nouveaux clients" ou "Premier rendez-vous à -30%".

Astuce : Assurez-vous que la première séance laisse une forte impression pour encourager les clients à réserver un suivi.

Proposer un accompagnement personnalisé :

Avantage : Une offre sur-mesure est perçue comme plus exclusive et à forte valeur ajoutée.

Exemple : "Programme de suivi personnalisé sur 3 mois : évaluation complète et suivi intensif".

Personnalisation : Adaptez vos séances aux besoins spécifiques du client, par exemple : "séances adaptées aux besoins du stress, de la fatigue ou des douleurs musculaires".

Offrir une séance gratuite d'évaluation :

Objectif : Permettre aux clients de se sentir écoutés et compris avant de s'engager financièrement.

Exemple : "Offre exclusive : Bénéficiez d'une consultation d'évaluation gratuite pour découvrir vos besoins thérapeutiques".

Impact : Cela peut rassurer les clients hésitants et montrer votre expertise tout en créant une première interaction.

OFFRE
Créer une urgence

Créer de l'urgence avec une offre limitée dans le temps :

Objectif : Inciter les clients à agir rapidement en créant un sentiment d'urgence.

Exemple : "Offre de rentrée : -20% sur les séances réservées avant le 30 octobre" ou "Réservez cette semaine et bénéficiez d'une réduction de 10%".

Conseil : Soyez authentique, ne prolongez pas indéfiniment l'offre, afin de ne pas perdre en crédibilité.

Proposer des séances cadeaux ou des cartes cadeaux :

Avantage : Les séances de thérapie peuvent être un excellent cadeau. En proposant des cartes cadeaux, vous atteignez un public qui pourrait ne pas penser à s'offrir une séance eux-mêmes.

Exemple : "Carte cadeau bien-être : offrez 1 séance de relaxation à vos proches".

Astuce : Proposez différentes formules de cartes cadeaux (1, 3, 5 séances).

Jouer sur des offres saisonnières ou thématiques :

Avantage : En fonction des périodes de l'année, proposez des offres adaptées aux besoins saisonniers des clients (ex. : gérer le stress des fêtes, se préparer pour l'été, etc.).

Exemple : "Pack détox après les fêtes" ou "Offre spéciale détente avant l'été".

Marketing : Utilisez des thèmes ou des événements spéciaux pour personnaliser l'offre et attirer l'attention.

OFFRE

Proposer une ou pack de séances

Créer une offre exclusive pour vos clients réguliers :

Objectif : Fidéliser vos clients en les récompensant pour leur loyauté.
Exemple : "Offre spéciale pour nos fidèles clients : -10% sur vos prochaines séances" ou "Séance gratuite après 5 séances réservées".
Avantage : Cela montre que vous appréciez leur fidélité et les encourage à continuer à venir.

Utiliser des témoignages et des retours d'expérience (web) :

Avantage : Les témoignages de clients satisfaits peuvent rassurer les prospects hésitants et ajouter de la crédibilité à votre offre.

Exemple : Intégrez des témoignages sur vos flyers, votre site web, ou vos réseaux sociaux en soulignant les bénéfices de vos séances.

Astuce : Utilisez des photos avant/après ou des citations des clients qui ont vu une nette amélioration.

Offrir des services complémentaires :

Exemple : "Séance + conseils en aromathérapie offerts" ou "Massage + diagnostic postural gratuit".
Bonus : Associer vos séances à d'autres services comme un bilan de santé, une séance de relaxation complémentaire, ou des conseils en bien-être.

Conclusion :

La clé pour vendre des séances de manière attractive réside dans la capacité à comprendre les besoins de votre clientèle cible et à créer des offres qui répondent à ces besoins tout en ajoutant de la valeur perçue.
la personnalisation et l'urgence, tout en offrant des solutions concrètes aux problèmes de vos clients.

Le tout doit être bien communiqué, que ce soit via votre site web, vos réseaux sociaux, ou vos supports marketing.

PROPOSITION DE PACK

EXEMPLE

Pack Bien-Être Essentiel (3 séances) : Idéal pour découvrir la réflexologie et commencer à ressentir ses effets relaxants. Détente et réduction du stress…..

Pack Sérénité Profonde (6 séances) : Pour un soutien régulier et un accompagnement dans la gestion du stress et des tensions chroniques.

Pack Vitalité Complète (10 séances) : Parfait pour un rééquilibrage en profondeur et un accompagnement sur le long terme. Amélioration de la circulation sanguine et lymphatique

Les bénéfices que vous ressentirez :
Détente profonde et relâchement des tensions.
Amélioration du sommeil et de l'humeur……
Stimulation des fonctions corporelles pour un bien-être global……Renforcement du système immunitaire…..

En optant pour l'un de nos packs, vous choisissez un parcours de soin régulier qui multiplie les bienfaits de la réflexologie.

 Laissez-vous guider et profitez d'une expérience enrichissante pour reconnecter votre corps et votre esprit.

Contactez-nous pour plus d'informations ou pour réserver votre premier rendez-vous.

Pour présenter efficacement des packs de séances en réflexologie,

Voici un exemple de texte que tu pourrais utiliser et adapter selon tes besoins :

Découvrez nos packs de séances en réflexologie :
Un investissement pour votre bien-être.

Nous savons à quel point il est essentiel de prendre soin de soi dans un monde qui va toujours plus vite.
Nos packs de séances de réflexologie ont été conçus pour offrir une solution complète et durable à ceux qui souhaitent apaiser leur corps et leur esprit, en améliorant leur qualité de vie.

Pourquoi choisir un pack de séances ?

Un accompagnement personnalisé : Chaque pack est conçu pour répondre spécifiquement à vos besoins individuels, en prenant en compte votre condition actuelle et vos objectifs de bien-être.

Des résultats optimisés : La régularité des séances favorise un meilleur rééquilibrage des énergies, renforce le système immunitaire et aide à soulager les tensions de manière cumulative.

Économique et pratique : Opter pour un pack représente un investissement avantageux par rapport aux séances individuelles.

De plus, vous bénéficiez de créneaux réservés et d'un suivi continu qui optimise les bienfaits sur votre santé.

6

Communication web avec Canva FB Textes

Rédigez des articles de blogue ou pub, inspirants et engageants.

Une problématique = une solution
Exercices

MASTERCLASS
Communication web

Rôle de l'introspection dans le marketing et la communication.

- Être authentique dans sa communication : Comment se présenter de manière authentique et transparente tout en attirant une clientèle fidèle ?

- Développer une offre cohérente avec ses valeurs : Créer des services et des offres qui reflètent non seulement les besoins des clients, mais aussi les valeurs profondes du thérapeute.

Définir sa mission :

Élaboration d'une phrase de mission : Formuler une phrase claire qui résume votre mission.

Par exemple :

"J'aide (les femmes ou hommes ou mères de famille) à surmonter leurs blocages émotionnels pour vivre une vie plus épanouie."

Aligner Sa Mission avec ses Valeurs :
Assurez-vous que votre mission reflète vos valeurs fondamentales.

COMMUNICATION
Texte scructuré Web

Ecrit comme un scénario

Rédigez des articles de blogue ou pub, inspirants et engageants.

Chapitre 1 : Le lecteur cible – La base avant de commencer à écrire quoi que ce soit.
Votre client de cœur : Une maman stresser (45 ans) travaillant ...

Chapitre 2 : De quoi je vais parler ? – Pour que tu ne te poses plus jamais la question.

Ex : **son problème** : elle est épuisée, manque de sommeil, elle s'inquiète pour ….

Le stress est devenu mon compagnon quotidien omniprésent. Elle se sent piéger dans une spirale sans fin, constamment sur le qui-vive, prête à réagir à la moindre alerte……
Ses pensées tournent en boucle, elle se sent impuissante face à…..

Chapitre 3 : Les types d'articles – on peut aborder un sujet avec des angles différents
Ex : Vous chercher à apaiser le stress, les angoisses, la fatigue ….

Chapitre 4 : Le titre et les sous-titres – Deux éléments qui font toute la différence entre un article lu… ou non

ex : pour vous maman débordée.
Le stress des mamans de famille/travail.

COMMUNICATION WEB

Chapitre 5 : structurer
Quelle est la longueur idéale d'un article ?

et **Est-ce que je devrais écrire au TU ou au VOUS ?**

Chapitre 6 : Le plan – ***une problématique= une solution***

-La cause : Pourquoi le stress affecte-il les mamans (détails)
-Les bienfaits : Les bienfaits des HE pour soulager le stress

Quelle HE : Un exemple d'HE

Chapitre 7: Relecture et correction – une étape essentielle...

Chapitre 8 : Mise en forme – titre et sous-titre

Chapitre 9 : Promotion vos articles –

Trouvé la solution

La solution
Ex :. Découvre l'aromathérapie personnalisée pour mamans stressées, lors d'un rendez-vous conseils dans mon cabinet. Ma méthode combine les bienfaits des HE avec une approche holistique ou chaque personne est unique....

"Ses pensées tournent en boucle, elle se sent impuissante face à la situation... Si tu te reconnais dans ces sentiments, prend un rendez-vous conseils en aromathérapie personnalisé, afin de retrouver ton équilibre et apaiser ton esprit."

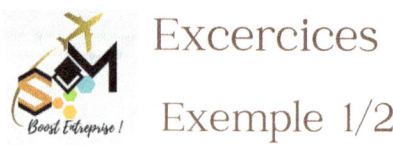

Excercices
Exemple 1/2

Comment l'aromathérapie peut soulager le stress des mamans avec une méthode douce et naturelle

Introduction : Le quotidien stressant des mamans
Être maman est une aventure merveilleuse, mais elle vient aussi avec son lot de défis. Entre les responsabilités familiales, les obligations professionnelles et les imprévus du quotidien, il est facile de se sentir submergée. Ce stress peut affecter à la fois le corps et l'esprit, c'est pourquoi il est important de trouver des moyens simples et naturels pour retrouver calme et sérénité.

Pourquoi l'aromathérapie est idéale pour les mamans ?
L'aromathérapie est une solution naturelle et efficace pour soulager le stress. Les huiles essentielles sont faciles à utiliser et peuvent être intégrées à votre routine quotidienne sans effort. Elles offrent des bienfaits multiples : apaiser les tensions, améliorer le sommeil, et procurer une sensation de bien-être global. Pour les mamans débordées, l'aromathérapie permet de se reconnecter à soi-même, même en quelques minutes par jour.

Les huiles essentielles les plus efficaces contre le stress.
Voici quelques huiles essentielles particulièrement recommandées pour les mamans stressées :

Lavande vraie : connue pour ses propriétés relaxantes et apaisantes, elle aide à calmer les nerfs et favorise un sommeil réparateur.
Petit grain bigarade : idéale pour réduire l'anxiété et retrouver un équilibre émotionnel.....

Exemple 2/2

Ces huiles peuvent être utilisées en diffusion.....

Comment intégrer l'aromathérapie dans la routine des mamans ?
Même avec un emploi du temps chargé, il est possible d'intégrer l'aromathérapie dans son quotidien :

<u>Diffusion à la maison :</u> utilisez un diffuseur dans votre salon ou votre chambre pour créer une ambiance apaisante.
Moments de détente express : quelques gouttes d'huile essentielle sur un mouchoir à respirer profondément lors d'une pause.

<u>Les bienfaits à long terme pour les mamans</u>
Prendre soin de soi avec l'aromathérapie permet de diminuer le stress quotidien et de mieux gérer les situations difficiles. En étant plus détendue, une maman se sentira plus présente pour ses enfants et retrouvera plus d'énergie pour affronter les défis du quotidien.

Conclusion : Prenez soin de vous naturellement
Chères mamans, prenez quelques minutes pour vous chaque jour. Avec l'aromathérapie, vous pouvez profiter de moments de répit et retrouver votre équilibre naturellement. Il est essentiel de prendre soin de soi pour mieux prendre soin des autres.

Ce plan est structuré pour captiver et guider les mamans à travers les bienfaits de l'aromathérapie, tout en leur donnant des solutions pratiques et faciles à mettre en place dans leur quotidien.

7
MASTERCLASS

Pourquoi faire un salon et comment le préparer ?

Adapter et évoluer

Restez à l'écoute des tendances :
Adaptez votre service en fonction des évolutions du marché, des attentes de votre public.

Collectez, analysez, la concurrence, les retours :
Utilisez les feedbacks pour affiner votre stratégie
Collecter et analyser

Soyez flexible :
Une image forte ne doit pas être rigide.
Elle doit évoluer pour rester pertinente et authentique.

MASTERCLASS
Pourquoi faire un salon du bien-être

Être exposant dans un salon bien-être en tant que professionnel du bien-être peut offrir de nombreux avantages pour votre pratique et votre développement professionnel.
Voici quelques raisons clés pour lesquelles cela peut être une bonne opportunité :

Accès à un public ciblé

Les salons bien-être attirent un public déjà intéressé par le bien-être, la santé, les thérapies alternatives. Cela signifie que vous avez l'opportunité de parler à des personnes qui sont potentiellement déjà ouvertes à l'idée d'investir dans des soins thérapeutiques.

Visibilité et notoriété

Cela peut augmenter votre visibilité, surtout si vous êtes un professionnel du bien-être local ou en début de carrière.

Les visiteurs du salon sont souvent à la recherche de nouveaux praticiens ou de solutions pour améliorer leur bien-être, ce qui en fait une clientèle réceptive.

Acquisition de nouveaux clients

Les salons bien-être attirent généralement un grand nombre de visiteurs qui peuvent devenir vos futurs clients.

En étant présent, en proposant des consultations, des démonstrations sur place, vous avez l'opportunité de montrer concrètement ce que vous offrez et d'attirer des personnes intéressées par vos services.

MASTERCLASS

Un réseau

Renforcement de la confiance des clients

Rencontrer un professionnel du bien-être peut aider à établir une relation de confiance. Les visiteurs peuvent poser des questions, exprimer leurs préoccupations, évaluer si vous êtes la bonne personne pour les aider. Ce contact direct est souvent plus convaincant que n'importe quelle publicité.

Promotion de nouveaux services ou produits

Si vous avez développé de nouvelles offres, techniques, produits, un salon bien-être est le lieu parfait pour les lancer. Vous pouvez obtenir un retour immédiat des visiteurs, tester leur intérêt, ajuster votre offre. Cela vous aide à affiner votre proposition.

Création de réseau professionnel

Les salons bien-être réunissent de nombreux professionnels du secteur. C'est une occasion idéale pour établir des contacts avec d'autres praticiennes nutritionnistes, coachs, ou même des fournisseurs de produits bien-être. Ces relations peuvent déboucher sur des partenariats, des collaborations, ou simplement enrichir votre réseau professionnel.

MASTERCLASS
Développer votre entreprise

Éducation – sensibilisation

En tant que praticienne un salon vous donne la possibilité de partager vos connaissances de sensibiliser le public à l'importance des soins que vous proposez. Vous pouvez animer des ateliers, des conférences, des démonstrations pour expliquer les bienfaits de vos techniques ce qui renforce votre crédibilité et votre expertise.

Inspiration – apprentissage

Participer en tant qu'exposant vous permet de découvrir les tendances du secteur, de voir ce que font les autres, vous inspirer de nouvelles idées pour votre propre pratique. Vous pouvez aussi assister aux conférences, ateliers pour enrichir vos connaissances. vous pourrez échanger sur vos expériences professionnelles.

Conclusion

Être exposant dans un salon bien-être en tant que praticienne est une opportunité précieuse pour développer votre activité, renforcer votre réseau, acquérir de nouveaux clients.

C'est un investissement qui peut avoir un impact significatif sur la croissance de votre pratique, la reconnaissance de votre expertise dans le domaine du bien-être.

MASTERCLASS
Comment s'organiser

Se préparer à être exposant dans un salon bien-être en tant que praticienne demande une planification soignée pour maximiser votre impact et votre retour sur investissement.
Voici un guide détaillé pour vous aider à bien vous préparer

Définir vos objectifs
Préparer des supports de communication
Concevoir un stand significatif

Préparer des supports de communication
Il est crucial d'avoir des supports de communication pour que les visiteurs se souviennent de vous.

Cartes de visite : Elles doivent inclure votre nom, spécialité, coordonnées, et éventuellement une offre spéciale ou un QR code menant à votre site web ou à une page de réservation.

Brochures ou flyers : Distribuez des documents qui détaillent vos services, vos tarifs, et les bénéfices de vos thérapies. Incluez des témoignages de clients si possible.

MASTERCLASS

Planifier vos actions

Planifier des démonstrations ou mini-consultations

Pour attirer les visiteurs à votre stand, les séduire par vos services, proposez des démonstrations ou des mini-consultations.

Démonstrations en direct : démarquez-vous avec une technique particulière que vous pratiquez (par exemple, un massage, une séance de relaxation, ou un exercice de respiration).

Consultations à prix réduit : Offrez des sessions courtes pour diagnostiquer ou conseiller les visiteurs sur des aspects spécifiques de leur bien-être.

Préparer un discours d'introduction

Ayez un discours concis et clair pour vous présenter, expliquer ce que vous offrez. Vous devez pouvoir le délivrer en quelques phrases.

Présentez-vous rapidement.

Expliquez ce que vous faites et ce qui vous différencie des autres thérapeutes. Mentionnez en quoi vos services peuvent bénéficier à la personne que vous avez en face de vous.

MASTERCLASS
Les conseils

Préparer une offre spéciale
Attirez davantage de visiteurs à votre stand avec une offre spéciale valable uniquement pour le salon

Réductions sur les services
Offrez une réduction pour les consultations, séances réservées pendant ou juste après le salon.

Pack découvert :
Proposez un forfait spécial qui regroupe plusieurs de vos services à un prix attractif.

Collecter les contacts des visiteurs
Il est important de rester en contact avec les visiteurs après l'événement : Formulaire de contact : Préparez un formulaire papier ou numérique pour recueillir les coordonnées des visiteurs intéressés (nom, email, téléphone).

Tombola – concours :
Proposez une tombola, un concours en échange de leurs coordonnées. C'est un moyen efficace de collecter des contacts tout en offrant une récompense attrayante (une séance gratuite, par exemple).

MASTERCLASS

Collecter des infos

Présentation du Questionnaire : Outil de sondage

Expliquez clairement l'objectif du questionnaire (par exemple, "Nous aimerions mieux comprendre vos besoins pour vous proposer des services adaptés à votre situation").

Anonymat et confidentialité :
Assurez-vous que les participants savent que leurs réponses seront confidentielles et anonymes, sauf s'ils choisissent de s'identifier.

Se préparer mentalement

Enfin, préparez-vous mentalement à interagir avec de nombreuses personnes :
Soyez prêt à répondre avec assurance aux questions : Les visiteurs poseront des questions sur vos services.
Restez à l'écoute et et accessible : Un sourire, une attitude positive attireront les visiteurs, les mettront à l'aise pour discuter avec vous.

Suivi et conclusion

Suivi après l'événement

Le travail ne s'arrête pas à la fin du salon :
Envoyez des emails de remerciement : Contactez les personnes que vous avez rencontrées pour les remercier de leur visite leur rappeler vos services.

Analyse des résultats :
Évaluez ce qui a bien fonctionné, ce qui pourrait être amélioré pour les futurs salons.
Évaluer votre ressenti, êtes-vous satisfaite de vos prestations … ?

Conclusion

Se préparer pour être exposant en tant que professionnel du bien-être dans un salon nécessite de la préparation, de la planification, de la créativité.
En peaufiner chaque détail, vous maximisez vos chances de succès, d'acquisition de nouveaux clients, et de renforcement de votre réseau

8
Stratégie de Marketing

Canva

Débuter avec Système IO

MASTERCLASS

Développer sa Présence en Ligne
Stratégie de Marketing
canva –face book
système IO......

- Objectifs :
    - Construire une présence en ligne efficace.
    - Mettre en place une stratégie de marketing adaptée.

- Contenu : un visuel fort et créer des textes impactant
    - Introduction à la création de contenu : blogs, vidéos, réseaux sociaux.
    - Utilisation des réseaux sociaux pour développer sa notoriété.

- Positionnement de son offre pour se différencier des concurrents.
- Comment établir un marketing qui reflète la valeur de ses services.

- Exercice pratique :
    - Création de comptes professionnels sur les plateformes sociales pertinentes

MASTERCLASS
Canva

Utilisation de canva pour la création personnaliser

canva

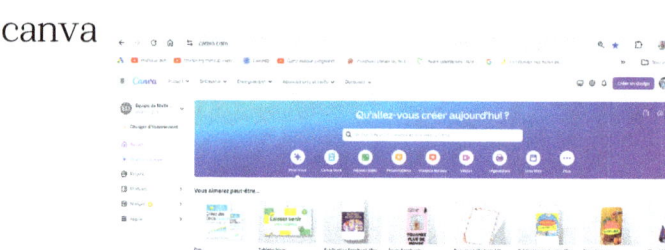

face book

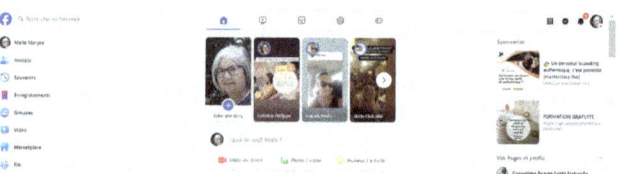

systéme io- blog ou des courriers

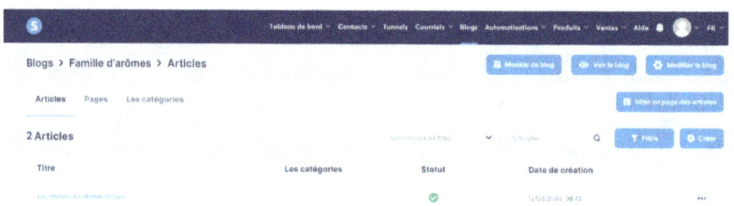

MASTERCLASS
Elaborer un visuel- video

"Nous allons créer un logo et un visuel impactant
pour nos pubs sur Canva
pour renforcer l'identité visuelle de votre projet.

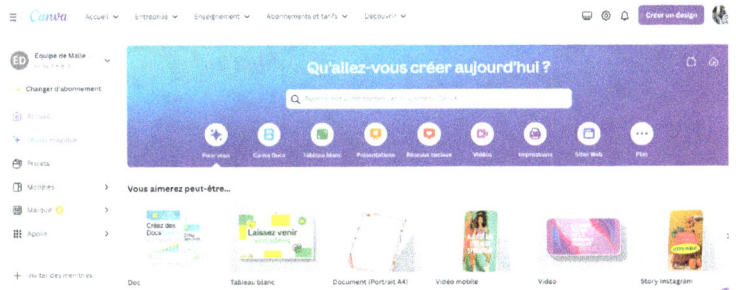

MASTERCLASS
Utilisation de systène IO

Page de présentation
(blog +vente)

Créez des sites internet

Envoyez des campagnes emailing

Automatisez votre marketing

Créez des formations en ligne

Pour moi

MASTERCLASS

"Maîtriser Facebook

pour Développer
Votre Activité de professionnel du bien-être"

Objectifs du Cours :

Aider les participants à créer et configurer un compte Facebook professionnel.
Enseigner les bases de l'utilisation de Facebook pour le marketing.
Montrer comment interagir avec une audience, créer du contenu pertinent, et utiliser les fonctionnalités avancées de Facebook pour attirer et fidéliser des clients.

Module 1 : Introduction à Facebook

Module 2 : Configurer Votre Page Facebook Professionnelle

Module 3 : Créer et Partager du Contenu Efficace

Module 4 : Planification des publications : Utiliser un calendrier éditorial pour organiser vos publications et maintenir une présence constante.

Module 5 : Développer Votre Audience sur Facebook

9

Étude Comparant les Options : Travailler à Domicile, en Cabinet Partagé, ou en Cabinet Privé

Étude Comparant les Options :
Travailler à Domicile, en Cabinet Partagé, ou en Cabinet Privé

Pour les professionnel du bien-être, la décision de s'installer chez soi, en cabinet partagé, ou en cabinet privé est cruciale, car elle influence non seulement la logistique quotidienne,
 mais aussi la manière dont ils interagissent avec leurs clients et gèrent leur pratique

 Une étude ou une analyse approfondie de cette question pourra aider les professionnel à faire un choix éclairé en fonction de leurs besoins spécifiques, de leur style de travail, et de leurs objectifs professionnels.

Cette étude aidera les thérapeutes à prendre une décision éclairée sur le lieu d'exercice qui convient le mieux à leur pratique, en tenant compte de leurs préférences personnelles, de leurs contraintes financières, et des attentes de leurs clients.

Objectifs de l'Étude :
Comprendre les avantages et inconvénients de chaque option (domicile, cabinet partagé, cabinet privé).
Évaluer les coûts associés à chaque configuration.
Analyser l'impact sur la qualité des soins et la satisfaction des clients.
Identifier les préférences et besoins des thérapeutes en fonction de leur spécialité, expérience, et clientèle cible.

Étude Comparant les Options : Travailler à Domicile, en Cabinet Partagé, ou en Cabinet Privé

Travail à votre Domicile : Avantages et Inconvénients

Avantages :

Coût réduit : Pas de loyer à payer, ce qui peut être particulièrement attrayant en début de carrière ou ceux qui souhaitent minimiser les dépenses fixes.
Flexibilité : Horaires plus souples et possibilité de concilier plus facilement vie professionnelle et personnelle.
Confort : Travailler dans un environnement familier peut être apaisant pour certains thérapeutes.

Inconvénients :
- Impact sur la vie privée : Difficile de séparer vie personnelle et professionnelle, avec le risque de manquer de déconnexion.
- Perception professionnelle : Certains clients peuvent percevoir un cabinet à domicile comme moins professionnel, ce qui pourrait affecter la crédibilité du thérapeute.
- Limites d'espace : Il peut être difficile de créer un espace dédié et adapté pour les consultations, surtout pour les thérapeutes ayant besoin d'équipements spécifiques.

Étude Comparant les Options : Travailler à Domicile, en Cabinet Partagé, ou en Cabinet Privé

Travail au Domicile de vos clients : Avantages et Inconvénients

Avantages :

<u>Coût réduit</u> : Pas de loyer à payer, ce qui peut être particulièrement attrayant pour les thérapeutes en début de carrière ou ceux qui souhaitent minimiser les dépenses fixes.

<u>Flexibilité</u> : Horaires plus souples et possibilité de concilier plus facilement vie professionnelle et personnelle.

<u>Confort</u> : Travailler dans un environnement familier peut être apaisant pour certains thérapeutes.

<u>les clients</u> peuvent se sentir plus à l'aise.

Inconvénients :

- Perte de temps (transport)
- Impact sur l'environnement (bruit, enfants, manque de confort)
- Perception professionnelle : Certains clients peuvent percevoir un cabinet à domicile comme moins professionnel.
- Limites d'équipement : Il peut être difficile de créer un espace dédié et adapté pour les consultations.

Étude Comparant les Options : Travailler à Domicile, en Cabinet Partagé, ou en Cabinet Privé

Travail en cabinet partagé : Avantages et Inconvénients

Avantages :

Réduction des coûts
Collaboration avec d'autres professionnels
Moins d'isolement

Les inconvénients :

Horaires limités
Manque de personnalité
Possibilité de conflit

Travail en cabinet seul : Avantages et Inconvénients

Avantages :
- Contrôle total
- Horaire flexible
- Image pro renforcée

Les inconvénients :
- Coût élevé
- Isolement professionnel
- Gestion administrative complète
- Risque de période creuse

CONCLUSION

Conclusion et Évaluation Finale

<u>Conclusion et Évaluation Finale</u>
Récapitulation des principaux points abordés.
Évaluation des acquis et retour sur les objectifs initiaux.

<u>Questions & réponses.</u>
Invitation à rejoindre une communauté de soutien ou un groupe de suivi post-masterclass.

FIN
fiche de satisfaction

Journal de satisfaction

.... / .... / ....

Stage

☀

je me sens :

....
....
....

Objectifs

○ ....
○ ....
○ ....

votre apprésiation

....

Une chose positive qui m'est arrivée:

....

Les petits plus

Supports complémentaires

Livret d'accompagnement :

Séances de coaching individuel avec Sonia pour ceux qui souhaitent un accompagnement plus personnalisé.

Rendez-vous et communication par whatsapp

Obtiens ta copie numérique du Livre "
Ouvre ta boite d'outils !"
Tu découvriras les étapes peu connues pour élargir
ton influence, asseoir ta crédibilité
et faire exploser tes revenus !

N'attends plus !

En 2eme session: sur les 2 jours

les couleurs

la technique:
canva
face book

système IO

Système IO

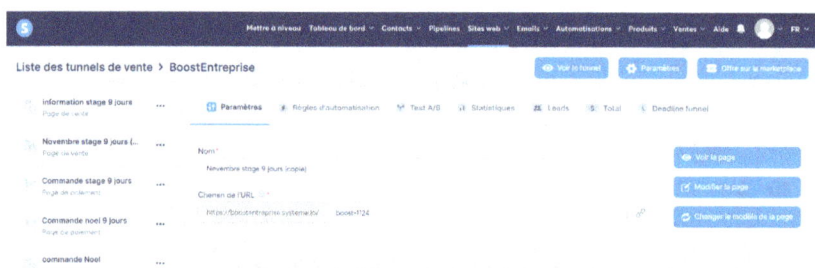

1)* faire une page de capture
Texte + images

2) bon de commande

3) Page de remerciement

4) le fonctionement des liens

Introduction à Systeme.io

Présentation de l'interface et des fonctionnalités principales.

Création d'un compte et configuration initiale.

Création de tunnels de vente- page de capture
Choix des modèles de tunnels.
Personnalisation et optimisation des pages de capture et de vente.

Automatisation des emails
Création de séquences d'emails.
Paramétrage des déclencheurs d'automatisation.

Gestion des produits et des paiements
Ajout et gestion des produits digitaux ou physiques.
Intégration des options de paiement.

Création des Pages du Tunnel

Page de capture:

Choix d'un modèle.

Personnalisation de la page (texte, images, formulaire d'inscription)

Intégration d'un appel à l'action convaincant.

Cours II

Rediger ses pub comme un scénario

Rédigez des articles de blogue inspirants et engageants.

- Le lecteur cible – La base avant de commencer à écrire quoi que ce soit. <u>Une maman stresser (45 ans) travaillant ...</u>

- De quoi je vais parler ? – Pour que tu ne te poses plus jamais la question. Ex : <u>son problème :</u> elle est épuisée, manque de sommeil, elle s'inquiète pour .... Le stress est devenu mon compagnon quotidien omniprésent. Elle se sent piéger dans une spirale sans fin, constamment sur le qui-vive, prête à réagir à la moindre alerte......
Ses pensées tournent en boucle, elle se sent impuissante face à.....

- <u>La solution</u>

Ex :. Découvre l'aromathérapie personnalisée pour mamans stressées, lors d'un rendez-vous conseils dans mon cabinet. Ma méthode combine les bienfaits des HE avec une approche holistique ou chaque personne est unique....
"Ses pensées tournent en boucle, elle se sent impuissante face à la situation... Si tu te reconnais dans ces sentiments, prend un rendez-vous conseils en aromathérapie personnalisé, afin de retrouver ton équilibre et apaiser ton esprit."

Cours II

un sujet = des angles différents

- Les types d'articles –on peut aborder un sujet avec des angles différents

Ex : Vous chercher à apaiser le stress, les angoisses, la fatigue ….

- Le titre et les sous-titres – Deux éléments qui font toute la différence entre un article lu… ou non

ex : pour vous maman débordée.
Le stress des maman de famille/travail.

VOUS ou TU ?

- Elle répond à 2 questions qu'on lui pose tout le temps – Quelle est la longueur idéale d'un article? et Est-ce que je devrais écrire au TU ou au VOUS?

VOUS ou TU ?

- : Le plan – une problématique= une solution

- La cause : Pourquoi le stress affecte-t-il les mamans (détails)

- Les bienfaits des HE pour soulager le stress

Quelle HE : Un exemple d'HE

- Relecture et correction – une étape essentielle…

- Mise en forme – titre et sous-titre

- Promotion des articles – Parce que tu veux que tes articles soient lus par le plus grand nombre de personnes possible

Exemple — Cours II

Comment l'aromathérapie peut soulager le stress des mamans : une méthode douce et naturelle

Introduction : Le quotidien stressant des mamans

Être maman est une aventure merveilleuse, mais elle vient aussi avec son lot de défis. Entre les responsabilités familiales, les obligations professionnelles et les imprévus du quotidien, il est facile de se sentir submergée. Ce stress peut affecter à la fois le corps et l'esprit, c'est pourquoi il est important de trouver des moyens simples et naturels pour retrouver calme et sérénité.

Pourquoi l'aromathérapie est idéale pour les mamans ?

L'aromathérapie est une solution naturelle et efficace pour soulager le stress. Les huiles essentielles sont faciles à utiliser et peuvent être intégrées à votre routine quotidienne sans effort. Elles offrent des bienfaits multiples : apaiser les tensions, améliorer le sommeil, et procurer une sensation de bien-être global. Pour les mamans débordées, l'aromathérapie permet de se reconnecter à soi-même, même en quelques minutes par jour.

Les huiles essentielles les plus efficaces contre le stress

Voici quelques huiles essentielles particulièrement recommandées pour les mamans stressées :
Lavande vraie : connue pour ses propriétés relaxantes et apaisantes, elle aide à calmer les nerfs et favorise un sommeil réparateur.

Comment intégrer l'aromathérapie dans la routine des mamans ?

Même avec un emploi du temps chargé, il est possible d'intégrer l'aromathérapie dans son quotidien :
Diffusion à la maison : utilisez un diffuseur dans votre salon ou votre chambre pour créer une ambiance apaisante.
Moments de détente express : quelques gouttes d'huile essentielle sur un mouchoir à respirer profondément lors d'une pause.

Les bienfaits à long terme pour les mamans

Prendre soin de soi avec l'aromathérapie permet de diminuer le stress quotidien et de mieux gérer les situations difficiles. En étant plus détendue, une maman se sentira plus présente pour ses enfants et retrouvera plus d'énergie pour affronter les défis du quotidien.

Conclusion : Prenez soin de vous naturellement

Chères mamans, prenez quelques minutes pour vous chaque jour. Avec l'aromathérapie, vous pouvez profiter de moments de répit et retrouver votre équilibre naturellement. Il est essentiel de prendre soin de soi pour mieux prendre soin des autres.
Ce plan est structuré pour captiver et guider les mamans à travers les bienfaits de l'aromathérapie, tout en leur donnant des solutions pratiques et faciles à mettre en place dans leur quotidien.

Cours II

Email

Rédiger une séquence Mail (système IO ou face book)
Newsletter (à personnaliser- sans image) ou mail de pub (plus court-image)
Pour rédiger une séquence de mails efficace, il est essentiel de suivre une structure bien pensée qui attire, engage et conduit à l'action. Voici les étapes à suivre pour rédiger une séquence de mails :

1. Définir l'objectif

Quel est le but de la séquence ? : Fidélisation, vente, conversion, éducation, séances ?
À qui s'adresse-t-elle ? : Définir clairement votre audience cible.
Combien d'e-mails dans la séquence ? : Typiquement entre 4 à 7 mails, selon l'objectif.

2. Créer un contenu pertinent et adapté à chaque étape

Chaque e-mail doit suivre une progression logique dans la relation avec le destinataire.

Email 1 : Mail de bienvenue ou de remerciement
Objet : « Bienvenue et merci ! » / « Voici ce que vous allez découvrir »
Contenu : Présentez-vous, exprimez votre gratitude pour l'intérêt de la personne. Offrez une valeur immédiate, comme un cadeau gratuit, un livre blanc, ou un guide.

Email 2 : Apporter de la valeur ajoutée (contenu informatif)
Objet : « Voici comment [résoudre un problème spécifique] »
Contenu : Partagez un conseil ou une astuce pratique liée à la problématique de votre audience. Montrez que vous comprenez leurs besoins et offrez des solutions sans encore vendre.

Email 3 : Créer la confiance et le lien
Objet : « Découvrez comment [témoignage ou étude de cas] »
Contenu : Incluez une histoire personnelle, un témoignage client, ou un cas de réussite. Cela aide à humaniser la relation et à renforcer la crédibilité.

Email 4 : Présentation de votre produit/service
Objet : « Voici comment nous pouvons vous aider »
Contenu : Introduisez votre offre en expliquant pourquoi elle est pertinente pour eux, sans pression de vente. Offrez éventuellement une démo ou un appel découverte.

Cours II

Email

Email 5 : Offre spéciale ou appel à l'action
Objet : « Ne manquez pas notre offre spéciale »
Contenu : Proposez une offre limitée dans le temps ou une réduction spéciale. Encouragez une prise de décision rapide en insistant sur la valeur et l'urgence.
Email 6 : Rappeler l'offre (email de suivi)
Objet : « Dernière chance pour [bénéficier de l'offre] »
Contenu : Relancez ceux qui n'ont pas encore agi, en rappelant les bénéfices de l'offre et l'urgence (ex : offre qui expire bientôt).
Email 7 : Appel final et réengagement
Objet : « Encore intéressé ? »
Contenu : Proposez une dernière opportunité ou un contenu bonus, et incitez le destinataire à répondre ou à vous contacter s'il a des questions.

3. Optimisation des objets d'emails
Utilisez des objets percutants et engageants qui incitent à l'ouverture. Restez court, pertinent et avec un soupçon de curiosité.
4. Utiliser des CTA (Call-to-action) clairs
Chaque e-mail doit avoir un appel à l'action précis et facile à suivre (ex. « Téléchargez le guide », « Prenez rendez-vous », « Découvrez notre offre »).
5. Espacer les envois
Laissez un délai raisonnable entre chaque email pour ne pas inonder la boîte de réception de vos destinataires (ex. tous les 2 ou 3 jours).
En suivant cette structure, vous pourrez engager votre audience progressivement, leur fournir de la valeur et les guider vers une action ciblée.

Cours II

Email

Exemple
Email 1 : Bienvenue
« découverte de la réflexologie » (un titre + accrocheur)
Objet : « Découvrez les bienfaits de la réflexologie pour votre bien-être »
Contenu :
 Bonjour [Prénom],
Merci de votre intérêt pour la réflexologie ! Vous êtes sur le point de découvrir une méthode naturelle et douce qui aide à soulager le stress, les tensions et à harmoniser le corps.
 En tant que réflexologue passionné(e), je serais ravi(e) de vous accompagner dans cette démarche de bien-être.
Pour commencer, voici un guide gratuit sur la réflexologie et ses bienfaits : [Lien vers le guide].
 À très vite pour plus de conseils sur votre santé naturelle ! !........tel.....lien page......calendly......
 Bien à vous,
 [Votre prénom]

Email 2 : Éducation et valeur ajoutée
 Objet : « Comment la réflexologie peut transformer votre santé »
 Contenu :
 Bonjour [Prénom],
Saviez-vous que la réflexologie peut aider à soulager des maux comme le mal de dos, les migraines ou encore les troubles digestifs ? En stimulant les zones réflexes de vos pieds, cette méthode agit sur tout votre corps.
Vous pouvez retrouver un meilleur équilibre en quelques séances seulement. Découvrez comment cela fonctionne en lisant cet article : [Lien vers l'article].
Je suis là pour répondre à toutes vos questions !.........tel.....lien page......calendly......
 À bientôt,
 [Votre prénom]

Cours II

Email

Email 3 : Témoignage ou étude de cas
Objet : « Comment [prénom du client] a retrouvé son (problème) grâce à la réflexologie »
Contenu :

Bonjour [Prénom],

Je voulais partager avec vous l'histoire de [Nom du client], qui souffrait de [problème spécifique]. Après quelques séances de réflexologie, il/elle a retrouvé un bien-être qu'il/elle n'avait pas connu depuis des années.

Voici son témoignage :

« Après seulement trois séances, j'ai senti une nette amélioration. Moins de tensions, plus d'énergie, et surtout une sensation de détente durable. »

Et vous, prêt(e) à essayer ?

N'hésitez pas à prendre rendez-vous pour votre première séance ici : [Lien vers la prise de rendez-vous].

!......tel.....lien page......calendly......

Bien à vous,

[Votre prénom]

Email 4 : Présentation de l'offre
Objet : « Une offre spéciale pour votre première séance de réflexologie »
Contenu :

Bonjour [Prénom],

Je suis ravi(e) de vous proposer une offre exclusive pour votre première séance de réflexologie.

Profitez d'une réduction de 20% et découvrez comment cette méthode naturelle peut améliorer votre bien-être.

Cliquez ici pour réserver votre première séance à un tarif préférentiel : [Lien vers la prise de rendez-vous].

Cette offre est valable seulement pendant [X jours], ne la manquez pas !

!......tel.....lien page......calendly......

À très vite,

[Votre prénom]

Cours II

Email

Email 5 : Relance avec sentiment d'urgence
Objet : « Dernière chance pour profiter de votre réduction »
Contenu :
Bonjour [Prénom],
Il ne vous reste plus que 24h pour bénéficier de 20% de réduction sur votre première séance de réflexologie !
Ne laissez pas cette opportunité s'échapper. Faites un premier pas vers un mieux-être et découvrez tous les bienfaits que la réflexologie peut vous apporter.
Réservez maintenant avant la fin de l'offre : [Lien vers la prise de rendez-vous].
!.........tel.....lien page......calendly......
À bientôt,
[Votre prénom]

Email 6 : Suivi et proposition d'autres solutions
Objet : « Vous hésitez, des questions sur la réflexologie ? »
Contenu :
Bonjour [Prénom],
Je voulais m'assurer que vous aviez toutes les informations nécessaires pour prendre une décision éclairée. Si vous avez des questions sur la réflexologie, ou sur la façon dont elle peut vous aider personnellement, je suis à votre disposition pour en discuter.
Envoyez-moi simplement un message, je me ferai un plaisir de vous répondre.
Au plaisir de vous accompagner vers un mieux-être,
!.........tel.....lien page......calendly......
[Votre prénom]

Cours II

Email

Exemple d'une Offre Structurée :

Nom de l'offre : Programme de Gestion du Stress en 8 Semaines
Public cible : Professionnels en burn-out ou stressés au travail.
Contenu : 8 séances hebdomadaires, exercices de relaxation, accès à un groupe de soutien en ligne, suivi personnalisé.
Proposition de valeur : Réduisez votre niveau de stress de 50% en 8 semaines grâce à des techniques éprouvées et un accompagnement personnalisé.
Prix : 500 € pour le programme complet, (payable en 2 fois.)
- Bonus : Ebook gratuit "10 techniques de relaxation" pour toute inscription avant le 15 septembre.

En suivant ces étapes, vous pourrez créer une offre qui répond réellement aux besoins de votre public cible tout en mettant en valeur ce qui vous rend unique en tant que thérapeute. Une offre bien conçue et bien positionnée est un puissant levier pour attirer des clients et développer votre activité.

Conclusion

Comprendre les Besoins de Votre Public Cible

Analyse des besoins :

Étude de marché : Utilisez des enquêtes, des entretiens ou des recherches pour comprendre les problèmes et défis spécifiques que rencontre votre public cible.

Feedback client : Analysez les retours de vos clients actuels ou potentiels pour identifier les besoins non satisfaits.

Observation des tendances : Identifiez les tendances émergentes dans le domaine de la thérapie pour anticiper les besoins futurs.

Identification des solutions :

- Problèmes courants : Dressez la liste des problèmes les plus fréquents que votre public cible souhaite résoudre.
- Résultats attendus : Déterminez les résultats que vos clients espèrent obtenir grâce à vos services (par exemple, réduction du stress, meilleure gestion des émotions, etc.).

Définir la Proposition de Valeur

- Identifiez ce qui vous distingue : Quelles compétences, méthodes ou approches uniques apportez-vous ? Pourquoi un client devrait-il choisir vos services plutôt que ceux d'un autre thérapeute ?
- Mettez en avant vos forces : Si vous avez des certifications, des expériences particulières, ou une approche novatrice, intégrez-les dans votre proposition de valeur.
- Clarté et pertinence :
- Soyez clair et spécifique : Évitez les descriptions vagues et mettez l'accent sur les bénéfices concrets que vos clients peuvent attendre.
- Adaptez votre message : Formulez votre proposition de manière à ce qu'elle résonne directement avec les besoins et aspirations de votre public cible.

- ### Structuration des services :
- Types de services : Proposez différents formats adaptés aux besoins de vos clients (consultations individuelles, ateliers de groupe, programmes en ligne, etc.).
- Modalités : Précisez la durée, la fréquence, et les modalités de vos services (en présentiel, en ligne, par téléphone, etc.).

- Contenu : Détaillez les éléments inclus dans chaque service

(par exemple, exercices pratiques, séances de suivi, accès à des ressources exclusives).

 # L'objectif est simple :

se donner 4 mois pour remplir son agenda de clients,
grâce à une méthode qui mêle marketing et vente,
avec une communauté soudée et
un suivi individualisé par une équipe de pro.

calendly
ou système IO

Cours II

Calendly
pour vos rendez vous

Créer un cours sur l'utilisation de Calendly pour gérer les rendez-vous est une idée pratique pour les thérapeutes et autres professionnels qui cherchent à automatiser et simplifier la gestion de leur emploi du temps. Voici un plan détaillé pour structurer ce cours.

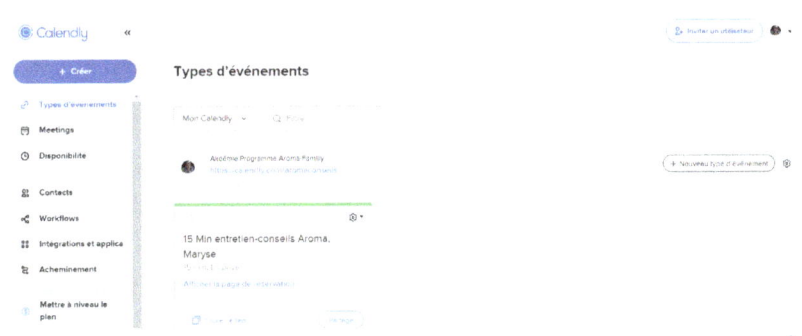

Cours II

calendly

Titre du Cours :
"Maîtriser Calendly pour Simplifier la Gestion de Vos Rendez-vous"
Objectifs du Cours :
Apprendre à configurer et utiliser Calendly pour automatiser la prise de rendez-vous.
Comprendre comment intégrer Calendly avec d'autres outils (comme Google Calendar, Zoom, etc.).
Gérer efficacement les disponibilités, les types de rendez-vous et les communications avec les clients.

Module 1 : Introduction à Calendly
Présentation de Calendly :
Qu'est-ce que Calendly ? Explication de l'outil et de ses avantages pour les professionnels.
Pourquoi utiliser Calendly ? Automatisation des rendez-vous, réduction des échanges d'emails, amélioration de la gestion du temps.
Création d'un compte Calendly :
Inscription : Guide pour créer un compte Calendly gratuit.
Présentation de l'interface : Tour d'horizon de l'interface utilisateur, tableau de bord, et options disponibles.

Module 2 : Configurer vos Disponibilités
Définir vos heures de disponibilité :
Paramétrer vos heures de travail : Définir les jours et les heures où vous êtes disponible pour les rendez-vous.
Définir des heures spécifiques pour différents types de rendez-vous : Par exemple, des heures réservées pour des consultations initiales ou des séances de suivi.

Bloquer des dates et des heures :
Gestion des exceptions : Comment bloquer des plages horaires spécifiques pour des jours particuliers (vacances, réunions internes, etc.).
Synchronisation avec vos calendriers : Intégrer Calendly avec Google Calendar, Outlook, iCal pour éviter les doubles réservations.

Module 3 : Créer et Personnaliser des Types de Rendez-vous
Créer des événements de rendez-vous :
Types d'événements : Création de différents types de rendez-vous (consultation gratuite, séance d'une heure, etc.).
Personnalisation des événements : Définir la durée, le nom, la description et les instructions spécifiques pour chaque type de rendez-vous.

Cours II

Calendly

Options de réservation :
Buffets et marges de sécurité : Ajouter du temps tampon entre les rendez-vous pour éviter les chevauchements.
Limiter le nombre de rendez-vous par jour : Contrôler le nombre de rendez-vous que vous pouvez accepter par jour ou par semaine.
Ajouter des questions de pré-séance :
- Formulaires de réservation : Créer des formulaires pour recueillir des informations avant la séance (nom, objectif de la séance, questions spécifiques)

Module 4 : Partage de Votre Lien de Calendly
Partager votre lien de réservation :
URL unique de Calendly : Obtenir et personnaliser votre lien Calendly (ex. : calendly.com/votrenom).
Intégration sur le site web : Ajouter un bouton de réservation sur votre site web ou dans votre signature email.
Intégration avec les réseaux sociaux :
Utilisation sur Facebook et Instagram : Comment ajouter le lien de réservation sur vos pages de réseaux sociaux.
Emails et newsletters : Inclure le lien dans vos emails de communication pour faciliter les réservations.
Conclusion du Cours :
Résumé des points essentiels : Recap des compétences acquises.
Mise en pratique immédiate : Encourager les participants à configurer leur propre compte Calendly et à tester la prise de rendez-vous.
Ressources supplémentaires : Fournir des guides PDF, des checklists, ou des tutoriels vidéo pour approfondir l'utilisation de Calendly.

Méthodes pédagogiques :
Démonstrations en direct : Montrer chaque étape sur un écran partagé pour une compréhension pratique.
Exercices pratiques : Encourager les participants à configurer leur propre compte et à créer des événements pendant le cours.
Séances de questions-réponses : Prendre le temps de répondre aux questions spécifiques des participants.

Faire un questionnaire client

afin de recolter des mails

avec FORMS

CHECKLIST N°1

La gestion de votre business

- ○ J'ai un compte bancaire réservé à mon entreprise
- ○ J'utilise un logiciel de facturation comme Freebe, qui me permet d'avoir une vision à 360° sur mon activité
- ○ Je connais bien mes obligations administratives et comptables : je sais par exemple combien et quand je dois payer mes charges
- ○ Je sais gérer mes finances : je sais ce qui entre, ce qui sort, ce qu'il y a dans ma trésorerie...
- ○ J'alimente petit à petit la trésorerie de mon entreprise (i.e l'argent disponible sur le ou les comptes de mon business)
- ○ J'ai créé un process mensuel de gestion de mon entreprise : je sais quoi faire chaque mois, quand le faire, comment le faire
- ○ Mes factures et devis sont soignés et conformes au droit ; je les fais avec un logiciel dédié pour un aspect plus pro
- ○ J'utilise de bons outils pour mon entreprise : pour me faire gagner en temps et en sérénité (plutôt que de faire du bricolage)
- ○ Je trie et range au fur et à mesure les documents URSSAF et cie

Entreprise

Construire son Offre

Comment créer une offre magnétique ?

- Connaisez par coeur les besoins de votre cible
- Lister toutes les probblèma tiques
- Apportez une solution efficace
- Optimisez le rapport prix valeur et coût
- Pré-validez votre offre

Objectifs :
  - Créer une offre de services attractive et alignée avec sa vision.

Contenu :
- Développement de services ou produits thérapeutiques en fonction de ses compétences et passions.
- Étude du marché et identification des besoins spécifiques de son public cible.
- Positionnement de son offre pour se différencier des concurrents.
- Comment établir un pricing qui reflète la valeur de ses services.

Création de packages :

Modularité de l'offre :

Création de packages : Proposez plusieurs options de services (par exemple, un programme de base, un programme avancé, et un programme premium) pour répondre à différents niveaux de besoins et de budgets.

Options supplémentaires : Offrez des services ou produits complémentaires qui peuvent être ajoutés à l'offre principale (par exemple, un livre, un guide pratique, ou des séances supplémentaires).

4. Fixer le Prix de Votre Offre

Évaluation des coûts :

- Coût de production : Calculez les coûts associés à la prestation de vos services (temps passé, matériel utilisé, frais fixes, etc.).
- Valeur perçue : Déterminez le prix en fonction de la valeur perçue par vos clients plutôt qu'en fonction des coûts seuls. Un service qui apporte une grande transformation peut être tarifé plus cher.

Stratégies de prix :

- Tarification basée sur la valeur : Fixez des prix qui reflètent la transformation ou le bénéfice que vos clients recevront plutôt que simplement sur la base du temps passé.
- Offres spéciales et promotions : Introduisez des offres limitées dans le temps, des remises pour les nouveaux clients, ou des programmes d'abonnement pour encourager l'engagement à long terme.
- Présenter et Promouvoir l'Offre
- Communication claire :
- Page de vente : Créez une page BLOG dédiée à votre offre qui détaille clairement ce qui est inclus, les bénéfices, le prix, et comment s'inscrire ou acheter.
-

Obtiens ta copie
Obtiens ta copie numérique du Livre "
Ouvre ta boîte!"
Tu découvriras les étapes peu connues pour élargir
ton influence, asseoir ta crédibilité
et faire exploser tes revenus !
N'attends plus !

Fiche de renseignements

INFORMATIONS

Nom et prénom :

....

Votre thérapie débutant(e) confirné(e)

....

Comment etes vous installer , débutant(e), cabinet, chez vous....

....

Avez vous une page perso sur facbook, un site ou autre....

....

Votre mode de payement :

....

E

....

INFORMATIONS D'URGENCE :

Maryse et Sonia

MASTERCLASS

POUR QUE VOUS PUISSIEZ PROFITER AU MIEUX DE CETTE MASTERCLASS

1. IMPRIMEZ CE SUPPORT PÉDAGOGIQUE AVANT LA MASTERCLASS. VOUS POURREZ LE COMPLÉTER DURANT L'ATELIER. VOUS AVEZ AUSSI LE CHOIX DE LE TÉLÉCHARGER SUR VOTRE ORDINATEUR ET DE RÉPONDRE AUX QUESTIONS DIRECTEMENT DANS LES CHAMPS PRÉVUS À CET EFFET.

2. PRÉVOYEZ DE QUOI NOTER. LA PRISE DE NOTES AUGMENTE LA RÉTENTION DE L'INFORMATION. NOTEZ LES INFORMATIONS IMPORTANTES POUR VOUS AINSI QUE TOUTES LES IDÉES QUI VOUS VIENDRONT À L'ESPRIT.

3. MUNISSEZ-VOUS DE VOTRE ORDINATEUR : AFIN D'EFFECTUER LES EXERCICES À L'INSTANT T

4. MUNISSEZ-VOUS D'UNE BOUTEILLE D'EAU DURANT LA SESSION ET BUVEZ RÉGULIÈREMENT.

Vous êtes ici aujourd'hui parce que ...

- Vous avez constaté que vous avez des besoins bien précis, que seul vous ne pouvez pas........
- Vous voulez savoir quoi faire et mettre toutes les chances de votre côté.
- Vous voulez vivre de votre passion
- vous voulez aller plus loin pour retrouver votre liberté financière

SANS pour au TANT

- Passer de long mois à vous former, vous éparpiller et ne pas avoir de résultat.
- Dépenser des milliers d'euros- (sans entrer dans vos frais)
- Tourner en rond seul et finir par vous démotiver.
- Passer des heures devant votre écrans.

Que ressentiriez- vous si votre agenda était rempli de clients idéaux ?

2 eme session

la couleur

**Pour une meilleure estime et
pour une meilleure confiance en soi**

Question : à développer

Quel est l'importance de la couleur ?

Quel est votre couleur préférée ?

Quelle couleur vous attire ?

Par un atelier de colorimétrie :
trouver votre couleur personnaliser

la couleur

La couleur joue un rôle essentiel dans de nombreux domaines, notamment en design, en marketing, en art, comme en thérapie. Voici quelques points sur l'importance de la couleur :

Communication non verbale : La couleur transmet des émotions, des messages sans utiliser de mots. Par exemple, le rouge peut exprimer la passion, l'énergie ou l'urgence, tandis que le bleu est souvent associé à la confiance et à la sérénité.
Influence sur les émotions et l'humeur : Différentes couleurs peuvent évoquer différentes émotions. Les couleurs chaudes (rouge, orange, jaune) ont tendance à stimuler et à apporter de l'énergie, tandis que les couleurs froides (bleu, vert, violet) apportent souvent une sensation de calme et de relaxation.

Impact sur la prise de décision : En marketing, la couleur influence considérablement le comportement d'achat. Des études montrent que les consommateurs prennent des décisions d'achat en quelques secondes, et la couleur est un des éléments principaux dans ce processus.
Identité de marque : Les entreprises utilisent des couleurs spécifiques pour renforcer leur image de marque et leur identité. Par exemple, le jaune vif de McDonald's est synonyme de joie et d'optimisme, tandis que le vert de Starbucks évoque la nature et le bien-être.

Lisibilité et esthétique : En design, la couleur est cruciale pour rendre un contenu plus attrayant et lisible. Le choix des couleurs influence l'harmonie visuelle et peut guider l'œil de l'utilisateur vers les éléments importants d'une page ou d'un design.
Symbolisme culturel : Les significations des couleurs varient d'une culture à l'autre. Par exemple, le blanc est associé à la pureté et à la paix dans les cultures occidentales, mais peut être associé au deuil dans certaines cultures asiatiques.

Thérapie et bien-être : En chromo thérapie, les couleurs sont utilisées pour stimuler des émotions positives et améliorer le bien-être. Chaque couleur a une signification spécifique et peut être utilisée pour favoriser un certain état d'esprit.

En résumé, la couleur n'est pas simplement une question esthétique. Elle est un puissant outil de communication, d'influence qui peut impacter nos émotions, nos décisions, et notre perception globale des choses.

la couleur

la couleur et les vibrations

Énergie vibratoire et influence sur le corps

Dans le domaine du bien-être et des thérapies alternatives, il est souvent admis que chaque couleur émet une énergie vibratoire qui peut avoir des effets sur l'équilibre énergétique du corps. On pense que certaines couleurs peuvent aider à harmoniser les chakras (les centres d'énergie du corps), à améliorer l'état émotionnel ou physique d'une personne.

Rouge : Associé à la vitalité et à l'énergie, le rouge vibre à une fréquence qui peut stimuler le corps et réveiller l'esprit.

Orange : Stimule la créativité et la joie, avec une vibration qui encourage l'enthousiasme et la motivation.

Jaune : Symbole de clarté mentale et d'optimisme, sa vibration est associée à la stimulation intellectuelle.

Vert : Connu pour sa capacité à apaiser, le vert a une vibration équilibrante et harmonisante, souvent associée à la guérison.

Bleu : La vibration du bleu est calme et apaisante, favorisant la relaxation et la paix intérieure.

Violet : Avec sa vibration haute et spirituelle, le violet est souvent lié à la méditation et à la connexion spirituelle.

La couleur est une communication non verbale.
La couleur envoie une image rassurante
par des vibrations positives.
La bonne couleur permet d'attirer votre client de cœur
Elle dynamise et illumine votre image pro

canva video
calendly
finir les pages
liens

3eme session

3eme session/premier jour

votre inconsient et votre égo

un mur a demolir

qu'est ce que l'inconsient ?

qu'est ce que l'égo?

mettre en fin de 2éme partie

L'inconscient
est un isberge

L'inconscient est une notion qui désigne l'ensemble des pensées, désirs, souvenirs et pulsions qui échappent à la conscience, c'est-à-dire des éléments dont nous n'avons pas conscience mais qui influencent néanmoins nos comportements, émotions, et décisions.

L'inconscient est donc comme une partie immergée de notre complexe et mystérieuse, qui façonne en grande partie nos comportements et notre vision du monde.
L'exploration de l'inconscient, , permet de mieux comprendre les racines de certains blocages, peurs ou comportements, et de les libérer pour gagner en liberté intérieure.
L'inconscient est comme une partie cachée de notre esprit, un "réservoir" de pensées, souvenirs et émotions auxquels nous n'avons pas un accès direct.
Il est présent en nous, mais fonctionne en dehors de notre conscience immédiate, influençant pourtant nos comportements, nos décisions, et nos réactions sans que nous en soyons pleinement conscients.

C'est un peu comme un iceberg, dont la partie visible représenterait notre conscience (les pensées et émotions dont nous avons conscience), tandis que la grande partie immergée symboliserait l'inconscient, invisible mais beaucoup plus vaste. Ce qui s'y trouve est caché, mais ressort souvent indirectement, à travers des rêves, des lapsus, des comportements répétitifs, ou des émotions inexpliquées.

Ego

Il est souvent associé à des aspects comme la fierté, l'identité personnelle et la recherche de reconnaissance sociale.

l'ego : la perception qu'une personne a d'elle-même, c'est-à-dire sa conscience de son existence en tant qu'individu distinct. Il représente la manière dont on se perçoit, ses croyances sur soi-même, ainsi que la gestion de ses désirs, besoins et interactions avec le monde extérieur.

1. **Développement sain de l'ego :** Cela consiste à construire une image de soi équilibrée, en renforçant la confiance en soi, l'estime de soi et la capacité à affronter les défis de la vie. Un ego sain permet de se sentir bien dans sa peau, de reconnaître ses qualités sans pour autant se surestimer, et de respecter les autres tout en affirmant ses propres besoins.

2. **Renforcement excessif de l'ego** : Parfois, le développement de l'ego peut devenir excessif, menant à un comportement **égocentrique** ou narcissique. Un ego trop développé peut conduire à l'arrogance, à l'incapacité de reconnaître ses erreurs et au besoin constant de validation extérieure. Cela crée une barrière aux relations authentiques et à l'empathie.

3. **Maturité de l'ego** : Le développement de l'ego peut aussi signifier parvenir à une compréhension plus profonde de soi et de ses motivations. Cela implique souvent de faire face à ses peurs, ses insécurités et ses comportements autodestructeurs, afin de renforcer un ego stable, résilient et apaisé.

Développer l'ego de manière saine se fait par l'introspection, le travail sur soi (comme la thérapie), la prise de conscience de ses forces et de ses faiblesses, et la capacité à apprendre de ses erreurs.

Cultiver un ego sain permet de se développer personnellement, d'améliorer ses relations et de vivre de manière plus harmonieuse avec soi-même et les autres.

 # un ego trop développé

un ego trop développé peut avoir des effets néfastes, tant sur la personne elle-même que sur ses relations. Lorsqu'une personne a un ego "excessif" ou déséquilibré, elle peut développer des comportements qui nuisent à son bien-être et à ses interactions sociales.

Voici quelques conséquences d'un ego excessif :

1. Difficulté à accepter les critiques : Une personne avec un ego trop grand peut interpréter toute critique comme une attaque personnelle, ce qui rend difficile l'apprentissage et la croissance. Elle peut également réagir de manière défensive ou agressive face aux retours des autres.

2. Manque d'empathie : Un ego surdimensionné peut rendre quelqu'un moins capable de se mettre à la place des autres. La personne peut devenir centrée sur ses propres besoins et minimiser ou ignorer ceux des autres, ce qui peut causer des tensions relationnelles.

3. Dépendance à la validation extérieure : Un ego trop fort peut également pousser quelqu'un à rechercher constamment l'approbation et la reconnaissance des autres, ce qui peut mener à l'obsession de l'image et à une quête incessante de succès ou de prestige.

4. Difficulté à reconnaître ses erreurs : Avec un ego trop élevé, on peut avoir tendance à éviter de reconnaître ses erreurs ou ses défauts. Cela bloque l'amélioration personnelle, car la personne ne veut pas admettre qu'elle a quelque chose à apprendre ou à changer.

5. Isolement social : En ayant des comportements qui repoussent ou ignorent les autres, la personne peut finir par se retrouver isolée, car elle est perçue comme arrogante, insensible ou difficile à côtoyer.

le juste milieux

En somme, un ego trop fort empêche une personne de rester ouverte, humble et capable de progresser. Il peut limiter l'accès à des relations authentiques et nuire à la qualité de vie. Un bon équilibre consiste à avoir suffisamment d'ego pour se respecter et se défendre, mais pas au point de nuire aux autres ou de refuser la remise en question.

Un ego insuffisant peut également poser des problèmes et nuire au bien-être personnel et aux relations. Lorsqu'une personne a une faible estime d'elle-même ou une perception de soi trop fragile, cela se manifeste souvent par des comportements ou des sentiments de dépendance, d'insécurité, de sentiment d'infériorité et de difficulté à s'affirmer.
Tendance à se sacrifier

L'ego cherche à équilibrer les besoins internes avec les exigences de la réalité.

# Instagram

Introduction à Instagram

Naviguer sur la plateforme.
Explication des différentes sections (fil d'actualité, stories, explorateur, etc.).

2. Création et optimisation de profil
Création d'un compte professionnel ou personnel
Différence entre les deux types de comptes et quand choisir l'un ou l'autre.
Optimisation du profil
Choix de la photo de profil.
Rédaction d'une biographie efficace (utilisation de mots-clés, appel à l'action, ajout de liens).
Configuration des paramètres et fonctionnalités importantes (sécurité, confidentialité, notifications)
.
3. Création de contenu attrayant
Types de contenu sur Instagram
Publications classiques, carrousels, stories, Reels, vidéos en direct.
Stratégies de création de contenu
Conseils pour prendre et éditer des photos et vidéos de qualité.
Utilisation des filtres et des outils d'édition intégrés.
Créer un calendrier éditorial pour publier régulièrement.
Captions et hashtags efficaces
Écrire des légendes engageantes.
Choisir et utiliser les bons hashtags pour augmenter la portée.

4. Interaction et engagement avec la communauté
Comment interagir avec son audience
Répondre aux commentaires et aux messages directs.
Utilisation des stickers et sondages pour augmenter l'interaction dans les stories.
Techniques pour augmenter l'engagement
Partager des stories de clients, lancer des concours, organiser des sessions Q&A.
Collaborations et partenariats avec d'autres utilisateurs.

Analyse des performances
Utilisation des statistiques d'Instagram (Insights)
Comprendre et analyser les données (portée, impressions, engagement, etc.).
Adapter sa stratégie en fonction des résultats
Ajuster le contenu et la fréquence de publication selon les performances et les retours de l'audience.

6. Techniques avancées et astuces
Optimisation des Reels et vidéos
Comment créer des vidéos captivantes qui augmentent la visibilité.
Publicités sur Instagram
Introduction à la création et à la gestion des publicités Instagram.
Utilisation d'outils externes
Présentation d'outils pour planifier les publications, analyser les performances et créer des visuels (ex. : Canva, Hootsuite).

7. Études de cas et exercices pratiques
Analyse de comptes performants dans le domaine des participants.
Exercices pratiques
Créer une story ou une publication en direct.
Simuler la gestion de l'engagement sur un compte fictif.

8. Questions-réponses et conclusion
Répondre aux questions des participants
Récapitulatif des points clés
Ressources complémentaires
Partager des liens vers des articles, des vidéos tutorielles, et des ressources pour approfondir les connaissances.
Cette structure permet aux participants d'acquérir des bases solides tout en explorant des techniques avancées pour maximiser leur présence sur Instagram.

Conseils :
Organiser le contenu
Préparer les supports de cours
Inclure des activités pratiques
Prévoir des sessions de questions-réponses
Offrir des ressources complémentaires

Partager des liens vers des articles, des outils pour la création de contenu (ex. : Canva), et des tutos vidéos.

3 eme session / 2eme jour

la dernière journée
le programme vous appartient

nous repondrons à toutes vos questions

oser franchir
incompréhension

Pour la dernière journée de l'accompagnement, les stagiaires auront donc toute liberté de structurer la journée comme elles le souhaitent.
 Elles pourront poser toutes les questions, organiser des discussions, et mettre en place des jeux de rôle pour approfondir leurs apprentissages.
Cette approche les encourage à prendre en main leur propre développement et à appliquer directement les concepts abordés pendant la formation.

Après la théorie, la pratique

www.ingramcontent.com/pod-product-compliance
Lightning Source LLC
Chambersburg PA
CBHW071036240526
45469CB00006BD/2231